Descobrir Jogos Online Grátis

Disponível Aqui:

**BestActivityBooks.com/FREEGAMES**

# 5 DICAS PARA COMEÇAR

## 1) CÓMO RESOLVER LAS SOPA DE LETRAS

Os puzzles têm um formato clássico:

- As palavras estão escondidas sem espaços ou hífenes,...
- Orientação: As palavras podem ser escritas para a frente, para trás, para cima, para baixo ou na diagonal (podem ser invertidas).
- As palavras podem sobrepor-se ou intersectar-se.

## 2) APRENDIZAGEM ACTIVA

Ao lado de cada palavra há um espaço para anotar a tradução. Para encorajar a aprendizagem activa, um **DICIONÁRIO** no final desta edição permitir-lhe-á verificar e expandir os seus conhecimentos. Procure e anote as traduções, encontre-as no puzzle e adicione-as ao seu vocabulário!

## 3) MARCAR AS PALAVRAS

Pode inventar o seu próprio sistema de marcação - talvez já use um? Pode também, por exemplo, marcar palavras difíceis de encontrar com uma cruz, palavras favoritas com uma estrela, palavras novas com um triângulo, palavras raras com um diamante, e assim por diante.

## 4) ESTRUTURANDO A APRENDIZAGEM

Esta edição oferece um **CADERNO DE NOTAS** prático no final do livro. Nas férias, em viagem ou em casa, pode facilmente organizar os seus novos conhecimentos sem a necessidade de um segundo caderno!

## 5) JÁ TERMINOU TODAS AS GRELHAS?

Nas últimas páginas deste livro, na secção **DESAFIO FINAL**, encontrará um jogo gratuito!

**Rápido e fácil!** Consulte a nossa colecção de livros de actividades para o seu próximo momento de diversão e **aprendizagem**, a apenas um clique de distância!

Encontre o seu próximo desafio em:

BestActivityBooks.com/MeuProximoLivro

# Aos vossos lugares, preparem-se...Vão!

Sabia que existem cerca de 7.000 línguas diferentes no mundo? As palavras são preciosas.

Adoramos línguas e temos trabalhado arduamente para criar livros da mais alta qualidade para si. Os nossos ingredientes?

Uma selecção de tópicos adequados à aprendizagem, três boas porções de entretenimento, e depois acrescentamos uma colherada de palavras difíceis e uma pitada de palavras raras. Servimo-los com amor e máximo divertimento, para que possa resolver os melhores jogos de palavras e se divirta a aprender!

-------

A sua opinião é essencial. Pode participar activamente no sucesso deste livro, deixando-nos um comentário. Gostaríamos de saber o que mais lhe agradou nesta edição.

Aqui está um link rápido para a sua página de encomendas:

## BestBooksActivity.com/Avaliacoes50

Obrigado pela vossa ajuda e divirtam-se!

*A Equipa Inteira*

# 1 - Dirigindo

| パ | び | ブ | ダ | り | ハ | 書 | パ | イ | 園 | り | 道 | ラ | 猟 |
|---|---|---|---|---|---|---|---|---|---|---|---|---|---|
| ク | グ | レ | 園 | 交 | 通 | 警 | 察 | 品 | 猟 | モ | ダ | 読 | 工 |
| 絵 | オ | ー | ト | バ | イ | り | 撮 | ャ | 画 | ー | 陶 | 品 | 芸 |
| り | 狩 | キ | ラ | り | 絵 | 味 | 地 | 魔 | 活 | タ | ダ | 興 | 危 |
| 法 | キ | プ | ッ | 真 | パ | 撮 | 図 | 物 | 狩 | ー | グ | 喜 | 険 |
| 園 | ジ | キ | ク | ト | ン | ネ | ル | 真 | 画 | リ | 品 | 真 | み |
| ャ | 陶 | 魔 | グ | 写 | 画 | プ | 安 | リ | 活 | 釣 | ラ | ー | グ |
| 芸 | ス | ト | リ | ー | ト | 写 | 全 | び | エ | 影 | 猟 | ズ | 物 |
| 品 | 法 | イ | ー | び | み | グ | 性 | 写 | ラ | イ | セ | ン | ス |
| ジ | 真 | り | 書 | 興 | 事 | 注 | 芸 | ム | 動 | 喜 | イ | キ | 真 |
| び | 物 | 歩 | 芸 | り | 故 | 狩 | 意 | ガ | レ | ー | ジ | 陶 | 狩 |
| ー | リ | 行 | 味 | エ | 撮 | 読 | ク | 読 | ス | 味 | 品 | 書 | 書 |
| 陶 | ズ | 者 | シ | ハ | み | 法 | 狩 | 影 | 活 | ム | 喜 | ハ | ム |
| イ | プ | 影 | 魔 | 興 | 陶 | 書 | 車 | 絵 | 燃 | 料 | プ | リ | 喜 |

| | |
|---|---|
| 事故 | オートバイ |
| トラック | モーター |
| 燃料 | 歩行者 |
| 注意 | 危険 |
| ブレーキ | 警察 |
| ガレージ | ストリート |
| ガス | 安全性 |
| ライセンス | 交通 |
| 地図 | トンネル |

# 2 - Atividades

| リ | ゲ | 画 | エ | 絵 | 物 | 芸 | ム | ク | ム | 喜 | 書 | 影 | レ |
|---|---|---|---|---|---|---|---|---|---|---|---|---|---|
| ラ | パ | ー | 魔 | 画 | シ | 読 | 魔 | 興 | ラ | 撮 | 猟 | ク | ア |
| ク | ー | 魔 | キ | 書 | み | 読 | 真 | リ | ム | み | 園 | リ | ー |
| ゼ | ジ | 狩 | み | 釣 | 狩 | 魔 | 書 | リ | グ | 写 | 書 | 品 | ト |
| ー | ル | 園 | 写 | リ | ゲ | 狩 | 陶 | リ | 写 | 猟 | 書 | 味 | ズ |
| シ | 写 | ズ | 真 | ラ | プ | 猟 | 狩 | 魔 | ズ | 物 | シ | 品 | 品 |
| ョ | 読 | ゲ | 撮 | 真 | 興 | 品 | 写 | ジ | エ | ズ | 動 | 興 | 喜 |
| ン | 影 | ー | 影 | ャ | 陶 | 味 | 影 | 画 | ク | シ | び | び | び |
| 法 | ャ | ム | 工 | 芸 | 品 | ス | キ | ル | 狩 | ハ | 狩 | 撮 | 真 |
| 画 | ー | ー | 品 | 興 | 魔 | ズ | ー | ラ | 画 | イ | 興 | ダ | プ |
| 釣 | レ | ジ | ャ | ー | 品 | 編 | 編 | ジ | 書 | キ | 活 | 活 | ン |
| り | 法 | 写 | 工 | 園 | イ | 猟 | ダ | び | キ | 書 | 書 | 動 | 芸 |
| 撮 | 猟 | ゼ | 魔 | 芸 | 興 | 活 | グ | ズ | 絵 | ン | 物 | ズ | 書 |
| 真 | 品 | ン | 品 | 法 | 影 | プ | 魔 | 釣 | プ | 興 | 編 | イ | 法 |

アート　　　　　　　ゲーム
工芸品　　　　　　　レジャー
活動　　　　　　　　読書
狩猟　　　　　　　　魔法
ハイキング　　　　　釣り
写真撮影　　　　　　絵画
スキル　　　　　　　喜び
興味　　　　　　　　リラクゼーション
園芸

# 3 - Churrascos

| り | 味 | 興 | ャ | 書 | ゼ | 芸 | 写 | 音 | ソ | 芸 | ゼ | グ | 子 |
|---|---|---|---|---|---|---|---|---|---|---|---|---|---|
| 物 | 夏 | り | キ | り | パ | 野 | エ | 楽 | ー | 撮 | 招 | リ | 供 |
| ー | 物 | ム | 撮 | 絵 | 撮 | 菜 | 撮 | 物 | ス | 喜 | り | 待 | 達 |
| タ | 食 | 塩 | 動 | イ | ズ | ン | み | 真 | 猟 | 園 | 動 | プ | ズ |
| ー | り | び | グ | ゲ | グ | リ | み | 品 | グ | 飢 | 活 | 絵 | 品 |
| 撮 | リ | ラ | 影 | パ | ゲ | 芸 | イ | 園 | 餓 | プ | レ | グ | リ |
| ハ | 興 | 影 | ー | パ | 猟 | 芸 | 法 | ラ | ン | チ | ャ | ゼ | リ |
| グ | み | 興 | ム | 味 | び | 動 | ジ | キ | 動 | キ | ナ | 撮 | ル |
| サ | ラ | ダ | 絵 | ー | 魔 | 喜 | 写 | 物 | 写 | ン | イ | ラ | イ |
| ク | 書 | 写 | 絵 | 書 | 喜 | エ | ダ | 家 | ム | び | フ | ズ | 活 |
| 陶 | 撮 | 絵 | ハ | 釣 | 興 | パ | ム | ホ | 族 | ト | ル | 園 | 喜 |
| コ | シ | ョ | ウ | ム | ャ | ズ | ゲ | 撮 | ッ | マ | ー | 陶 | 芸 |
| み | 陶 | 読 | 猟 | 画 | 法 | 動 | ー | ム | パ | ト | ッ | び | 狩 |
| 写 | 法 | パ | シ | シ | 品 | 撮 | ム | み | ジ | ラ | 園 | 狩 | ン |

| | |
|---|---|
| ランチ | 夕食 |
| 招待 | ゲーム |
| 子供達 | 野菜 |
| ナイフ | ソース |
| 家族 | 音楽 |
| 飢餓 | コショウ |
| チキン | ホット |
| フルーツ | サラダ |
| グリル | トマト |

# 4 - Pesca

| | | | | | | | | | | | | |
|---|---|---|---|---|---|---|---|---|---|---|---|---|
| 猟 | フ | び | び | ゼ | 喜 | ダ | 写 | パ | 園 | イ | エ | ム | レ |
| 絵 | ィ | ッ | 法 | ワ | パ | ズ | 味 | ラ | ゲ | 真 | 芸 | 撮 | 陶 |
| 読 | ン | ャ | ク | イ | ハ | 物 | 影 | 法 | 活 | 画 | 画 | イ | 真 |
| ラ | ゼ | 編 | ボ | ヤ | 活 | 興 | 物 | 芸 | 物 | ク | み | 物 | 工 |
| ゲ | 画 | 編 | ビ | ー | チ | リ | 物 | ム | 猟 | 画 | り | ャ | 画 |
| プ | バ | ス | ケ | ッ | ト | 真 | パ | ャ | 撮 | 物 | え | ら | ハ |
| 絵 | 画 | エ | ラ | 画 | ズ | ー | 味 | 興 | 撮 | 物 | ジ | 湖 | 影 |
| 忍 | 耐 | レ | ー | 書 | ャ | 読 | グ | 真 | 猟 | エ | ダ | 真 | イ |
| 読 | ゲ | 重 | ハ | 水 | り | 法 | イ | パ | 川 | レ | 読 | ル |
| 活 | 園 | さ | ゼ | 絵 | レ | ャ | ル | 真 | プ | 顎 | 写 | ゲ | ン |
| 影 | び | 撮 | グ | 季 | 節 | 過 | び | 動 | ラ | 餌 | 味 | 興 | 狩 |
| 編 | 喜 | み | リ | 品 | パ | ゲ | 言 | 興 | 影 | 品 | 写 | 興 | 書 |
| 画 | 読 | レ | 陶 | ハ | り | 魔 | 写 | 物 | ダ | 法 | 興 | 書 |
| 工 | 釣 | 海 | 洋 | び | 法 | 園 | ハ | 物 | ズ | 品 | 陶 | 法 | ル |

フィン　　　　　　　　フック
ボート　　　　　　　　海洋
えら　　　　　　　　　忍耐
バスケット　　　　　　重さ
過言　　　　　　　　　ビーチ
ワイヤー　　　　　　　季節

# 5 - Geologia

| 釣 | ク | ゲ | 高 | 編 | 画 | ハ | 編 | ゼ | び | 陶 | 園 | ジ | イ |
|---|---|---|---|---|---|---|---|---|---|---|---|---|---|
| 園 | 結 | 晶 | 原 | 品 | 魔 | 地 | 震 | カ | 撮 | ル | ジ | 釣 | り |
| 魔 | グ | ー | エ | 絵 | パ | ミ | ネ | ラ | ル | み | 撮 | イ | ラ |
| ゲ | り | ハ | 画 | ル | び | 園 | 喜 | 真 | ク | シ | み | り | 書 |
| 書 | 動 | グ | ゼ | 溶 | パ | ム | 鍾 | り | り | プ | ウ | ダ | 侵 |
| コ | ダ | 法 | 石 | 岩 | 写 | ゼ | 乳 | 大 | 洞 | ー | 活 | ム | 食 |
| ゾ | ー | ン | レ | ゼ | グ | 化 | 石 | 陸 | 窟 | 園 | 品 | キ | ゲ |
| 動 | 写 | ラ | 酸 | ゲ | パ | ム | ン | 読 | ゲ | 撮 | ゲ | ム | イ |
| 陶 | ハ | 芸 | ル | 真 | ハ | プ | 法 | 品 | ン | 品 | 動 | 芸 | パ |
| キ | 影 | 芸 | ゼ | り | リ | 写 | 真 | シ | 層 | 釣 | 味 | み |  |
| リ | 石 | 石 | 筍 | ダ | シ | 読 | 猟 | ゲ | ム | 物 | ダ | ジ | 撮 |
| グ | 英 | ズ | 釣 | 物 | ズ | ダ | パ | 絵 | エ | ゼ | ゲ | 塩 | 火 |
| ゲ | 真 | ゲ | 狩 | ハ | 絵 | 物 | ハ | エ | 物 | シ | ル | 品 | 山 |
| イ | ク | 品 | 真 | 真 | び | グ | パ | エ | ハ | 真 | 狩 | 絵 | 陶 |

| | |
|---|---|
| 洞窟 | 化石 |
| カルシウム | 溶岩 |
| 大陸 | ミネラル |
| コーラル | 高原 |
| 結晶 | 石英 |
| 侵食 | 地震 |
| 鍾乳石 | 火山 |
| 石筍 | ゾーン |

# 6 - Móveis

| | | | | | | | | | | | | | |
|---|---|---|---|---|---|---|---|---|---|---|---|---|---|
| み | ラ | ソ | 法 | 陶 | 園 | 真 | 魔 | シ | 喜 | ダ | ャ | 絵 | ラ |
| マ | ン | フ | 魔 | び | 動 | り | シ | グ | ジ | グ | 枕 | イ | ャ |
| ッ | 動 | ァ | パ | ク | ハ | り | び | 編 | 活 | レ | ジ | ル | 興 |
| ト | 法 | キ | パ | ル | 猟 | 編 | ク | エ | 影 | 芸 | 園 | ム | キ |
| レ | カ | ー | テ | ン | ズ | シ | 活 | ズ | 釣 | 味 | 釣 | 編 | 物 |
| ス | ド | プ | 物 | 撮 | 鏡 | シ | リ | ゼ | 写 | キ | ン | ー | ダ |
| 陶 | 芸 | レ | ク | ク | 猟 | ム | 喜 | ン | り | シ | ゲ | ル | 狩 |
| 魔 | ラ | ー | ッ | 猟 | 物 | 味 | エ | ゲ | ン | レ | ラ | ャ | ラ |
| グ | グ | 陶 | シ | サ | ア | ベ | ダ | レ | ク | 興 | 写 | 布 | 団 |
| ャ | 動 | 陶 | ョ | リ | ー | ン | ハ | 画 | グ | 物 | 椅 | 興 | 興 |
| イ | ゼ | 机 | ン | り | ム | チ | ン | ベ | ッ | ド | 子 | グ | シ |
| 陶 | 陶 | 読 | 興 | イ | チ | ダ | モ | ル | 影 | グ | 魔 | エ | ン |
| 動 | 品 | シ | 物 | 味 | チ | ゲ | ッ | 本 | 影 | ジ | び | ハ | 興 |
| イ | 影 | ゲ | ラ | 写 | ア | パ | ク | 棚 | 画 | ジ | 絵 | パ | 写 |

| | |
|---|---|
| クッション | 本棚 |
| ベンチ | 布団 |
| 椅子 | ハンモック |
| ベッド | アームチェア |
| マットレス | ソファ |
| カーテン | ラグ |
| ドレッサー | |

# 7 - Tempo

```
ゲ 世 釣 喜 ダ 活 パ ジ 味 ダ 月 夜 び レ
ジ 紀 園 興 キ 朝 分 週 時 魔 ラ 陶 ラ シ
味 グ ゲ 法 写 動 写 ラ 計 編 写 今 ジ ャ
ク 園 陶 編 年 カ レ ン ダ ー 昨 日 画 読
興 品 び イ 魔 キ 喜 味 読 グ 喜 プ 味 ク
陶 喜 レ ャ ラ 芸 編 ゼ 陶 法 ゼ 編 ダ 編
時 間 魔 活 ム み ラ キ 十 通 絵 影 イ ン
魔 釣 ズ ダ 前 陶 猟 エ ハ 年 ダ 魔 リ 品
喜 キ 物 み 園 味 ャ エ 狩 プ パ 釣 読 ル
書 グ エ 猟 ゲ 園 ム 味 猟 日 絵 り ゲ ズ
絵 猟 未 レ ゲ レ レ 狩 シ リ ク 昼 ハ 絵
エ 写 来 グ 法 味 猟 レ ゲ 釣 物 リ ダ 撮
ー ゲ 物 パ り ジ 書 シ ャ 法 ハ 写 ズ び
瞬 グ 画 狩 法 ジ 釣 影 喜 陶 画 プ ズ 今
```

| | |
|---|---|
| 通年 | 時間 |
| カレンダー | 一瞬 |
| 十年 | 昨日 |
| 未来 | 時計 |
| 今日 | 世紀 |

# 8 - Astronomia

真 ル ハ 物 小 惑 星 品 り ジ ゼ パ 写 写
編 写 ラ 興 ハ 編 雲 猟 イ り グ ロ み ズ
動 撮 地 球 法 釣 影 画 放 エ プ ケ 陶 ハ
興 イ ラ リ 陶 ン 魔 陶 一 射 月 ッ ズ ン
超 パ ム 法 活 狩 影 ル ラ エ 線 ト み 絵
新 エ 銀 河 動 ム び 物 動 パ 流 星 ゲ 絵
星 レ 物 プ ダ み 太 編 興 園 ム 座 び エ
リ 画 影 ダ ハ ゼ 陽 グ 食 一 書 り エ ク
春 ル パ シ リ 物 一 み レ り 動 品 味 グ
分 グ 狩 興 書 釣 味 レ 園 天 文 台 ム 撮
味 グ 芸 イ レ 影 味 ハ 園 文 ハ ジ シ 園
宇 宙 飛 行 士 ゲ ジ リ キ 学 パ ダ ル 読
宙 味 グ ラ 重 陶 み 喜 狩 者 法 び ジ ジ
空 味 ン 真 絵 力 ハ 惑 星 書 ク パ び 魔

| | |
|---|---|
| 小惑星 | 星雲 |
| 宇宙飛行士 | 天文台 |
| 天文学者 | 惑星 |
| 星座 | 放射線 |
| 春分 | 太陽 |
| ロケット | 超新星 |
| 銀河 | 地球 |
| 重力 | 宇宙 |
| 流星 | |

# 9 - Circo

書動ア風コスチューム卜魔品読
み物写ク船音ケ芸魔ズリレエり
イパピエロ楽ッテントッみ活レ
猟グシプ釣バトプ法キク書物ク
書ージ動ズシッグ陶写ダんり書
写ルャ画ムゲ読ト芸パ味興びプ
魔狩グ象ライオン撮ク法猿編み
法パラ魔陶工写編みーャ工画ズ
びゃパーム編グレ撮ーエ影撮猟
イみパリ虎ハ興釣興工絵グ絵影
編芸レエパ壮観なクパゼ陶絵画
ゲリーャダ写ャ影ダ法ルハ観真
りゼド魔ラレ読ダ絵芸シ編ジ客
活プハリムム喜ジび撮ダゼゲ釣

| | |
|---|---|
| アクロバット | 魔法 |
| 動物 | ジャグラー |
| 風船 | 音楽 |
| チケット | ピエロ |
| パレード | テント |
| 観客 | コスチューム |
| 壮観な | トリック |
| ライオン | |

# 10 - Acampamento

狩 画 パ ル 味 猟 編 物 ダ グ 芸 魔 ク 物
み リ グ エ テ ン ト 味 ン ダ ク 絵 味 書
絵 興 ム レ 物 昆 虫 イ 撮 品 レ 影 ム ズ
猟 自 魔 ン 動 絵 ム 喜 物 狩 編 ラ 真 び
ル 然 ー パ 物 パ 活 イ 火 森 猟 活 ゲ 月
ク ズ ク エ 狩 猟 ゼ 絵 ズ イ 狩 園 び エ
ン 喜 物 イ イ ル エ キ プ キ 園 木 写 撮
み 写 ダ レ 書 エ エ ャ り ム 編 味 影 陶
味 園 陶 真 動 ン コ ビ 物 リ 魔 喜 み 釣
イ 山 レ み 地 釣 ラ ン タ ン 読 釣 ジ 陶
ダ 魔 り 狩 図 グ 味 グ パ ハ ン モ ッ ク
ダ 味 パ 物 湖 り 喜 帽 釣 ス リ 味 キ ハ
動 り 陶 パ リ 書 画 子 ゲ 味 ジ 魔 活 猟
冒 険 カ ヌ ー グ 書 法 書 ロ ー プ ル ン

| | |
|---|---|
| 動物 | ロープ |
| 冒険 | 昆虫 |
| コンパス | ランタン |
| キャビン | ハンモック |
| 狩猟 | 地図 |
| カヌー | 自然 |
| 帽子 | テント |

# 11 - Emoções

| | | | | | | | | | | | | |
|---|---|---|---|---|---|---|---|---|---|---|---|---|
| コ | レ | 同 | 絵 | プ | 読 | レ | キ | 至 | 福 | 喜 | 一 | 品 | 釣 |
| グ | ン | 情 | ン | 法 | 物 | 喜 | ャ | イ | プ | び | イ | み | キ |
| グ | エ | テ | 静 | け | さ | 読 | 陶 | キ | ン | 恐 | 退 | ハ | 釣 |
| ハ | 味 | リ | ン | 動 | 猟 | 芸 | 猟 | 釣 | 画 | 怖 | 屈 | り | 法 |
| び | 画 | 撮 | 平 | ツ | キ | リ | 法 | 物 | 法 | シ | 動 | 撮 |
| 狩 | び | 一 | ム | 和 | 悲 | し | み | ハ | 影 | ク | ズ | 味 | 法 |
| ャ | び | 影 | 恥 | 一 | キ | エ | ハ | ゲ | 喜 | 撮 | び | 影 | 撮 |
| 園 | 味 | 陶 | ず | ラ | 味 | 味 | 狩 | 撮 | キ | 園 | 影 | 興 | シ |
| 陶 | 喜 | キ | か | 感 | 謝 | し | て | い | ま | す | 味 | 写 | 猟 |
| 芸 | 芸 | ジ | し | ラ | 釣 | ジ | ジ | 園 | シ | ゲ | 狩 | 釣 | リ |
| 優 | 画 | ャ | い | ク | ズ | 親 | 切 | 釣 | 愛 | パ | 満 | 興 | ム |
| キ | し | 書 | 動 | 怒 | イ | 活 | ズ | パ | 動 | ジ | 足 | 釣 | 釣 |
| 動 | ム | さ | 魔 | り | ジ | 影 | 物 | ズ | ム | 書 | プ | 品 | イ |
| ジ | プ | パ | び | エ | エ | リ | 喜 | 画 | シ | プ | ン | グ | レ |

| | |
|---|---|
| 喜び | 怒り |
| 至福 | 満足 |
| 親切 | 同情 |
| コンテンツ | 優しさ |
| 恥ずかしい | 退屈 |
| 感謝しています | 静けさ |
| 恐怖 | 悲しみ |
| 平和 | |

# 12 - Ficção Científica

| | | | | | | | | | | | | | |
|---|---|---|---|---|---|---|---|---|---|---|---|---|---|
| 魔 | エ | リ | 影 | 一 | 陶 | 猟 | 読 | レ | ハ | び | 釣 | 書 | パ |
| 未 | 真 | 魔 | び | ズ | ゲ | エ | イ | ア | 書 | 籍 | 編 | 真 | 編 |
| 品 | 来 | み | グ | 真 | 影 | リ | み | ト | 遠 | い | ゼ | 読 | 読 |
| 現 | 実 | 的 | 撮 | 動 | 読 | ュ | 法 | 読 | ミ | 影 | ゲ | プ | プ |
| 狩 | 編 | イ | 写 | 火 | 釣 | 物 | 一 | 技 | リ | び | ッ | ダ | ダ |
| 魔 | 真 | 魔 | オ | ラ | ク | ル | ジ | 術 | 書 | 絵 | ク | 真 | 真 |
| シ | 神 | ャ | ハ | ダ | 陶 | キ | ョ | イ | リ | み | び | パ | パ |
| ゼ | 秘 | 虚 | リ | ン | ゼ | キ | ン | リ | 品 | ン | 銀 | 興 | グ |
| 写 | 的 | 数 | び | イ | 写 | ゲ | ロ | ボ | ッ | 河 | ム | 工 | エ |
| プ | な | 惑 | 素 | 晴 | ら | し | い | ユ | ラ | シ | シ | 書 | 書 |
| 法 | 写 | 星 | 世 | 界 | リ | 爆 | 読 | ー | ゲ | ネ | プ | 活 | 喜 |
| 撮 | 狩 | 陶 | ゼ | ン | り | 発 | み | ト | 真 | マ | 興 | 喜 | 写 |
| レ | シ | ク | ム | デ | ィ | ス | ト | ピ | ア | レ | び | イ | 撮 |
| キ | 影 | イ | 工 | 画 | ジ | ャ | 釣 | ア | 園 | キ | 工 | 撮 | 真 |

アトミック  
シネマ  
遠い  
ディストピア  
爆発  
素晴らしい  
未来的  
銀河  
イリュージョン  
虚数  

書籍  
神秘的な  
世界  
オラクル  
惑星  
現実的  
ロボット  
技術  
ユートピア

# 13 - Mitologia

| | | | | | | | | | | | | | |
|---|---|---|---|---|---|---|---|---|---|---|---|---|---|
| ダ | 狩 | ー | 釣 | 戦 | み | パ | ム | ヒ | 編 | 伝 | ク | 陶 | ー |
| 生 | き | 物 | 物 | 興 | 士 | 芸 | ゼ | ー | ャ | ジ | 説 | 稲 | 妻 |
| 災 | 害 | 狩 | び | 復 | 讐 | ダ | プ | ロ | 編 | 動 | ー | 法 | 陶 |
| 物 | パ | み | 法 | ャ | 画 | 作 | ラ | ー | エ | キ | 味 | イ | パ |
| 活 | ゲ | キ | 味 | 原 | ゼ | ハ | 成 | 魔 | ク | 読 | 絵 | 狩 | 写 |
| モ | ー | タ | ル | 型 | 強 | さ | ズ | 魔 | 動 | 編 | ク | ハ | 画 |
| ン | ヒ | ロ | イ | ン | 行 | 動 | イ | 法 | ゼ | 魔 | ハ | グ | み |
| ス | 不 | 死 | ゼ | ー | ャ | 絵 | ジ | の | り | ン | 味 | 絵 | 喜 |
| タ | イ | 味 | エ | 魔 | み | 法 | 真 | 画 | シ | 読 | ハ | ズ | 喜 |
| ー | 嫉 | 動 | 芸 | ゼ | 喜 | ム | ャ | イ | 品 | 魔 | キ | 味 | 味 |
| 法 | 妬 | ゲ | ラ | ム | 文 | 化 | レ | レ | リ | 動 | ャ | 魔 | 動 |
| び | 影 | 芸 | 喜 | グ | ラ | 芸 | 園 | 陶 | 芸 | み | キ | 編 | 魔 |
| 味 | 真 | 狩 | シ | レ | び | 猟 | 絵 | 陶 | 読 | ゲ | 喜 | ゲ | 絵 |
| ゲ | 興 | び | 真 | 雷 | ハ | 陶 | 工 | 動 | ラ | ビ | リ | ン | ス |

原型　　　　　　ヒーロー
嫉妬　　　　　　不死
行動　　　　　　ラビリンス
作成　　　　　　伝説
生き物　　　　　魔法の
文化　　　　　　モンスター
災害　　　　　　モータル
強さ　　　　　　稲妻
戦士　　　　　　復讐
ヒロイン

# 14 - Medições

| リ | び | 品 | キ | ロ | グ | ラ | ム | オ | シ | 興 | シ | ン | グ |
|---|---|---|---|---|---|---|---|---|---|---|---|---|---|
| ッ | 影 | 重 | リ | ロ | 陶 | 小 | ト | ン | ャ | ハ | ゲ | 幅 | ゼ |
| ト | 高 | さ | 法 | 味 | メ | レ | 数 | ス | エ | エ | 芸 | 度 | み |
| ル | 品 | 動 | 猟 | パ | レ | ー | 長 | さ | 味 | プ | 絵 | 撮 | シ |
| ラ | 写 | ボ | リ | ュ | ー | ム | ト | グ | セ | 編 | び | ゲ | び |
| 物 | 絵 | メ | 画 | 興 | 編 | パ | 品 | ル | ン | バ | 釣 | 味 | 法 |
| ー | ラ | ズ | ー | リ | 活 | グ | 芸 | ゼ | チ | イ | ン | チ | 分 |
| ジ | 芸 | 影 | 絵 | タ | 絵 | ラ | レ | 芸 | メ | ト | プ | 品 | 読 |
| プ | 画 | キ | 興 | ズ | ー | ム | 品 | 影 | ー | ジ | 味 | 興 | 深 |
| ャ | 絵 | ダ | 釣 | み | ャ | ル | 喜 | 真 | ト | 書 | り | リ | さ |
| 物 | 釣 | 書 | 絵 | 物 | 芸 | 書 | ャ | み | ル | 園 | ー | リ | ャ |
| ジ | 猟 | エ | 味 | 影 | ャ | ー | 編 | 画 | リ | ラ | ラ | 味 | プ |
| レ | 真 | 園 | 園 | り | ジ | エ | 質 | 量 | 陶 | 喜 | 物 | エ | 法 |
| 魔 | 写 | イ | リ | 写 | ー | 釣 | 品 | ラ | ジ | 画 | 釣 | ク | パ |

| | |
|---|---|
| 高さ | オンス |
| バイト | 重さ |
| センチメートル | インチ |
| 長さ | 深さ |
| 小数 | キログラム |
| グラム | キロメートル |
| リットル | トン |
| 質量 | ボリューム |
| メーター | |

# 15 - Plantas

| ジ | ベ | 花 | 弁 | み | 植 | 生 | び | パ | 味 | 読 | ル | ク | リ |
|---|---|---|---|---|---|---|---|---|---|---|---|---|---|
| 真 | 狩 | リ | ハ | 写 | 物 | 芸 | 画 | 画 | 喜 | 森 | 庭 | ズ | 絵 |
| 物 | フ | ロ | ー | ラ | 学 | 猟 | ハ | ゼ | 陶 | ク | 写 | 興 | ズ |
| イ | 芸 | 法 | ブ | ッ | シ | ュ | 芸 | ン | 編 | ム | ル | エ | 木 |
| ハ | 釣 | ル | 活 | 芸 | エ | 陶 | ク | ジ | 魔 | ハ | シ | び | 品 |
| レ | 撮 | ン | 動 | ズ | ジ | 草 | イ | ズ | プ | 活 | キ | 狩 | 蔦 |
| パ | り | レ | ー | エ | び | び | 味 | ハ | レ | 喜 | 物 | ゲ | シ |
| ズ | 芸 | ム | ン | 魔 | 魔 | ラ | キ | ハ | ゼ | 味 | 味 | ジ | グ |
| 葉 | 撮 | 物 | 芸 | ル | ク | 真 | ム | ズ | ハ | 釣 | 猟 | ジ | イ |
| 豆 | り | び | ゼ | ク | み | 真 | 魔 | 影 | 釣 | 味 | 動 | リ | イ |
| び | ル | サ | シ | エ | ム | 画 | 苔 | り | み | 影 | ズ | 狩 | リ |
| レ | レ | 読 | ボ | 活 | 影 | ン | 魔 | 味 | ダ | ゲ | 芸 | ャ | 竹 |
| イ | 狩 | 影 | 読 | テ | 味 | 興 | 花 | キ | プ | リ | 肥 | 料 | み |
| 書 | 味 | ジ | ダ | 書 | ン | 喜 | ゲ | ル | み | ク | 物 | 根 | キ |

ブッシュ　　　　　　　　肥料
ベリー　　　　　　　　　フローラ
植物学　　　　　　　　　花弁
サボテン　　　　　　　　植生
ハーブ

# 16 - Veículos

| | | | | | | | | | | | | | |
|---|---|---|---|---|---|---|---|---|---|---|---|---|---|
| 釣 | 車 | ヘ | 興 | キ | 魔 | 影 | シ | 撮 | パ | 芸 | 動 | ト | 品 |
| 読 | ラ | リ | び | バ | ス | キ | ャ | ラ | バ | ン | 潜 | ラ | 猟 |
| 芸 | ン | コ | 地 | ゼ | 影 | び | ト | ラ | ッ | ク | 水 | ク | 動 |
| 狩 | パ | プ | ゼ | 下 | 狩 | ハ | ル | 法 | キ | み | 艦 | タ | キ |
| モ | ー | タ | ー | 物 | 鉄 | 陶 | レ | ジ | 撮 | 釣 | 絵 | ー | ラ |
| 物 | み | ー | ゼ | 自 | 陶 | 工 | 影 | 真 | ズ | 物 | 喜 | ャ | ゼ |
| 園 | ロ | エ | リ | 転 | キ | ラ | 物 | 猟 | 興 | ジ | ダ | プ | 写 |
| り | ケ | 救 | 急 | 車 | プ | ス | 猟 | ャ | ゲ | ム | キ | エ | 興 |
| 陶 | ッ | 狩 | ダ | び | 読 | ー | キ | 釣 | ジ | ズ | ズ | パ | ク |
| 物 | ト | 絵 | ハ | ダ | 編 | ー | 法 | ボ | ー | ト | エ | パ | 品 |
| ム | ー | イ | 釣 | フ | ズ | タ | い | か | だ | ゃ | ゲ | 法 | 編 |
| 品 | 撮 | 書 | 味 | シ | ェ | ー | イ | 飛 | 行 | 機 | 真 | 写 | グ |
| キ | り | ハ | 品 | 活 | 園 | リ | 釣 | ヤ | 撮 | タ | ク | シ | ー |
| 真 | 狩 | キ | ル | び | 写 | ル | ー | ー | り | 喜 | プ | び | 編 |

| | |
|---|---|
| 救急車 | スクーター |
| 飛行機 | 地下鉄 |
| フェリー | モーター |
| ボート | バス |
| 自転車 | タイヤ |
| トラック | 潜水艦 |
| キャラバン | タクシー |
| ロケット | シャトル |
| ヘリコプター | トラクター |
| いかだ | |

# 17 - Restaurante # 2

| ル | 味 | ル | 美 | ケ | 読 | 絵 | ゼ | ク | ン | み | 画 | 喜 | エ |
| ゲ | 編 | ジ | 味 | ー | ウ | ェ | イ | タ | ー | タ | 椅 | グ | 味 |
| サ | ラ | ダ | し | キ | 活 | イ | 芸 | 園 | 法 | 食 | 子 | 活 | ク |
| フ | 飲 | 料 | い | ハ | 魔 | 活 | ジ | 品 | エ | 読 | 氷 | ラ | 絵 |
| ォ | ル | ジ | 影 | ー | 魔 | り | シ | ズ | 画 | ャ | ダ | シ | 狩 |
| ー | ダ | ー | 影 | 野 | ス | ー | プ | ル | 書 | ズ | 撮 | ャ | 読 |
| ク | ダ | エ | ツ | 菜 | シ | 味 | 読 | 興 | 動 | ク | ム | 書 | ム |
| 前 | 菜 | び | ズ | 編 | 写 | 影 | ス | パ | イ | ス | グ | 魔 | ダ |
| 影 | 物 | 猟 | ゲ | イ | 影 | み | 品 | プ | ル | 芸 | 写 | ー | 狩 |
| び | キ | 猟 | イ | み | ズ | 真 | 麺 | び | ー | ラ | ダ | 読 | ー |
| 芸 | ル | 狩 | ジ | 写 | キ | プ | 法 | ダ | 編 | ン | り | ゲ | 影 |
| ル | び | 真 | 塩 | ム | 釣 | エ | パ | 絵 | レ | チ | 書 | ゼ | 喜 |
| ャ | り | シ | イ | 書 | ハ | 物 | 画 | 陶 | エ | 物 | ー | リ | 味 |
| パ | 動 | キ | プ | 水 | 書 | 編 | 撮 | 画 | 物 | 真 | 陶 | 魚 | ム |

| | |
|---|---|
| ランチ | フルーツ |
| 前菜 | ウェイター |
| 飲料 | フォーク |
| ケーキ | 夕食 |
| 椅子 | 野菜 |
| スプーン | サラダ |
| 美味しい | スープ |
| スパイス | |

# 18 - Países #2

ロジ興書シプ猟ナ魔イハ魔ャパ
ネシャンウクライナンイリ喜キ
法パアマシリアジみドチ物キス
び影ールびイェーネ味編スタン
グレ画ルルカリ陶アシ動絵エン
ダシメキシコランア撮ア写画味活
魔ム喜編ウガンダ陶物レ品真法
ゼフランスソド園グ編ャ喜読ゼ
ハゼオ編喜マ撮味キ狩影物イ喜
ズ園スレギリシャ日本ゲ影シ猟
物アルバニアびデンマークムラ
画ハクノシ芸絵ハ法芸狩ル真釣ジ
味興ズン魔り興写び活喜リ喜ハ
キ味り魔シャ魔猟ゲ陶び味ムハ

| | |
|---|---|
| アルバニア | レバノン |
| デンマーク | メキシコ |
| フランス | ネパール |
| ギリシャ | ナイジェリア |
| ハイチ | パキスタン |
| インドネシア | ロシア |
| アイルランド | シリア |
| ジャマイカ | ソマリア |
| 日本 | ウクライナ |
| ラオス | ウガンダ |

# 19 - Cozinha

| | | | | | | | | | | | | | |
|---|---|---|---|---|---|---|---|---|---|---|---|---|---|
| ス | ポ | ン | ジ | び | り | ラ | 真 | 画 | み | 書 | 水 | 差 | し |
| レ | レ | 陶 | ラ | ズ | ル | ゼ | ャ | 興 | ン | 喜 | グ | 読 | ム |
| 真 | 編 | 冷 | 蔵 | 庫 | ナ | ス | 物 | キ | ナ | ボ | リ | 編 | 喜 |
| カ | ー | グ | ジ | 絵 | 画 | プ | グ | ゼ | イ | ウ | ル | プ | 撮 |
| 興 | ッ | 書 | ハ | 興 | レ | ー | キ | 箸 | フ | 芸 | 法 | ー | 法 |
| 魔 | 味 | プ | び | 興 | エ | ン | り | ン | ォ | 猟 | 編 | キ | 法 |
| ズ | ス | パ | イ | ス | 園 | 釣 | 真 | 書 | ー | ダ | 書 | 品 | 絵 |
| ク | 書 | 狩 | 写 | ル | 撮 | シ | ジ | レ | ク | 瓶 | 画 | り | り |
| 品 | ャ | レ | エ | プ | ロ | ン | 品 | ラ | み | 真 | り | エ | ラ |
| 芸 | 芸 | シ | 法 | 魔 | 陶 | 冷 | 凍 | 庫 | 真 | 猟 | 撮 | 活 | 品 |
| レ | ハ | ピ | 味 | 画 | イ | エ | び | リ | 撮 | リ | 画 | ル | ズ |
| 影 | ー | 法 | ゲ | ン | 喜 | ム | ケ | 味 | ジ | 活 | 写 | び | 影 |
| び | ン | 真 | 動 | 影 | ル | レ | ト | オ | ー | ブ | ン | 興 | 写 |
| 書 | 画 | ハ | 喜 | 喜 | 真 | 喜 | ル | 物 | グ | グ | り | り | 読 |

| | |
|---|---|
| エプロン | 冷凍庫 |
| ケトル | フォーク |
| スプーン | 冷蔵庫 |
| カップ | グリル |
| スパイス | ナプキン |
| スポンジ | 水差し |
| ナイフ | レシピ |
| オーブン | ボウル |

| び | 書 | 魔 | 動 | シ | 釣 | ゼ | ル | ジ | シ | 撮 | 真 | プ | 陶 |
|---|---|---|---|---|---|---|---|---|---|---|---|---|---|
| ズ | 籍 | 編 | チ | ゼ | 狩 | シ | ー | ラ | 写 | 猟 | 真 | キ | 芸 |
| 絵 | プ | 陶 | ェ | 芸 | 喜 | 狩 | 猟 | 塗 | 料 | 味 | 書 | 想 | 喜 |
| ャ | ダ | 飛 | ス | レ | ト | ボ | ー | ト | 真 | 陶 | ク | 像 | 読 |
| 撮 | 撮 | 写 | 行 | ド | ラ | ム | 車 | 喜 | 品 | ゲ | 書 | カ | ル |
| 自 | 転 | 車 | 工 | 機 | ッ | 真 | ム | 読 | プ | レ | ー | 読 | ゼ |
| ャ | ジ | ル | 芸 | 真 | ク | ロ | 猟 | 狩 | り | 釣 | 魔 | ダ | キ |
| 猟 | 影 | ズ | 品 | 味 | ダ | ボ | ゼ | び | 写 | ク | ゲ | ボ | ー |
| お | 気 | に | 入 | り | 園 | ッ | 興 | び | シ | 釣 | ャ | ー | ャ |
| レ | 園 | ゲ | 猟 | エ | ダ | ト | 味 | 陶 | 釣 | グ | 狩 | ル | ム |
| り | 猟 | 狩 | エ | ク | 釣 | 猟 | プ | ル | ル | 画 | 陶 | 影 | 魔 |
| 書 | 絵 | 写 | 陶 | キ | 興 | 工 | 園 | シ | 写 | グ | 読 | レ | 釣 |
| 物 | ー | 園 | ラ | 撮 | 人 | 粘 | 園 | ハ | 編 | 書 | 品 | 味 | 編 |
| 凧 | 影 | エ | ダ | ダ | 形 | 土 | 読 | グ | み | パ | グ | 物 | び |

粘土 　　　　　　　　トラック
工芸品 　　　　　　　お気に入り
飛行機 　　　　　　　想像力
ボート 　　　　　　　ゲーム
ドラム 　　　　　　　書籍
自転車 　　　　　　　ロボット
ボール 　　　　　　　塗料
人形 　　　　　　　　チェス

# 21 - Verão

み 喜 び 写 活 星 サ レ 喜 レ 味 物 び 喜
ダ 画 物 物 イ 編 び ン 味 ゲ 絵 絵 キ 画 真
品 み 法 ズ 魔 ゲ ー ジ ダ 撮 興 真 ジ ダ 動
写 リ 絵 興 影 喜 興 ゲ 書 ル 書 音 ル 画 パ
活 イ 法 キ 絵 読 ラ ゲ 書 味 活 楽 び 法 ジ
芸 真 読 キャ シ 猟 エ 興 画 品 パ ク 画 読 編
ル ズ パン 読 リ ル 物 籍 釣 魔 影 読 写
書 写 リ プ ズ ラ 編 動 庭 写 読 狩 写
影 レ ジャ ー ク 旅 読 み 動 陶 法 編
動 グ ゲ レ ゲ ゼ 影 パ ャ び リ 画 び ズ
イ 園 家 海 ャ ー 釣 ー 影 シ 魔 画 み グ
クラ 族 ク ゲ シ ム 友 達 ャ 活 ー 喜 猟
ズ リ ビ ー チョ 真 ハ り ゲ リ プ 画 ジ
ダ 品 ャ ム 興 ン ダ イ ビ ン グ 芸 画

キャンプ　　　　　　ダイビング
喜び　　　　　　　　音楽
友達　　　　　　　　ビーチ
家族　　　　　　　　リラクゼーション
ゲーム　　　　　　　サンダル
レジャー　　　　　　旅行
書籍

# 22 - Material de Arte

| 油 | の | パ | 編 | ム | リ | グ | ブ | び | ゲ | イ | ー | ゼ | ル |
|---|---|---|---|---|---|---|---|---|---|---|---|---|---|
| ン | り | ス | シ | 粘 | 土 | グ | ラ | み | ム | ン | 写 | レ | 魔 |
| 味 | イ | テ | ー | ブ | ル | 鉛 | シ | 創 | ン | ク | 撮 | 真 | ル |
| 喜 | シ | ル | 書 | キ | 狩 | リ | 筆 | 造 | ン | シ | ル | シ | 絵 |
| 炭 | 動 | 編 | ハ | 園 | 園 | プ | グ | 性 | ゼ | カ | メ | ラ | ゼ |
| 読 | 塗 | 消 | し | ゴ | ム | 味 | 編 | 品 | リ | 味 | 絵 | ゼ | 園 |
| 味 | 料 | ダ | 撮 | ハ | 味 | 味 | 釣 | 狩 | ル | び | ル | シ | ル |
| ム | 動 | 読 | 椅 | ー | エ | エ | シ | 水 | 陶 | ゲ | 水 | ズ | 撮 |
| 真 | ゼ | 釣 | 子 | 真 | 真 | プ | ラ | 釣 | プ | ズ | 彩 | 園 | 動 |
| ア | ク | リ | ル | リ | 魔 | 活 | 書 | プ | ラ | シ | 画 | 狩 | プ |
| 影 | 活 | 芸 | 味 | ゲ | ジ | ゲ | 興 | 撮 | グ | 紙 | 品 | ム | ゼ |
| 絵 | 編 | ダ | み | 真 | 影 | 色 | ル | レ | プ | 活 | ゼ | ゼ | ク |
| 写 | エ | グ | プ | 品 | ン | イ | 魔 | ク | ク | 陶 | シ | ハ | 編 |
| 魔 | び | ム | ジ | 品 | 絵 | リ | ラ | 味 | 画 | 物 | シ | 興 | 物 |

| | |
|---|---|
| アクリル | 創造性 |
| 消しゴム | ブラシ |
| 水彩画 | 鉛筆 |
| 粘土 | テーブル |
| 椅子 | パステル |
| イーゼル | インク |
| カメラ | 塗料 |
| のり | |

# 23 - Números

ラ魔十三絵リンラゲ釣猟セーリ
パリ四芸品園工法写ージブエ喜
ムジ五釣活絵動ゲ三ラ芸ン品レン
ハ小数ゼプ撮レ興園法ズティ品レン
り魔活シャジ法撮ズパ編ィ十活
セブン喜パニ十ゲーびリー六絵
シ芸ハ喜魔ムエャ法六レンエー
画影十ク画キゼグ喜ャハ十五物
ンゲ絵ハ物品り狩グ絵狩ゼジキ
写編ゼ法一ャ編ゼ芸画味ズシパ
陶グム物二芸ジズレり猟ラびク
喜ダー味読画エゼロ書四ゼみゼ
ジ写みハハイパパゲ園芸エ九書
プ釣ハ撮猟ハキ動ズン真喜パエ

| | |
|---|---|
| 小数 | 十五 |
| 十六 | セブン |
| セブンティーン | 十三 |
| 十八 | 二十 |
| 十二 | ゼロ |
| 十四 | |

# 24 - Ferramentas

真真スハり陶読ロ魔ハゲ法物ナ
釣レテイシステープルン真法イ
ホイール撮工味プエム物マパフ
ーシプ編ね読ズ猟画みみトーチ
撮シラ絵猟じみシびエびャハラ
シラーパグキみシャイ物りャりび
エ書かャキ魔ゼベ喜ルマレット
ラ動撮みケーブル品物はさみ
グンラゼその写ンラジレし園ハ
釣パり動陶りシ猟猟狩味ご物興
撮物びり編活ダダゼャ味釣ー魔
ゲ園品ズレゲ写絵ムエペンチ味
ズび喜釣園影ャ写魔品狩読びイ
レ園芸ハ品ー活斧写編リングレ

| | |
|---|---|
| ペンチ | マレット |
| ケーブル | ハンマー |
| のり | かみそり |
| ロープ | ねじ |
| はしご | シャベル |
| ナイフ | ホイール |
| ステープラー | はさみ |
| ステープル | トーチ |

# 25 - Especiarias

| | | | | | | | | | | | | | |
|---|---|---|---|---|---|---|---|---|---|---|---|---|---|
| ニ | 活 | 喜 | リ | び | 芸 | サ | ワ | ー | ゲ | イ | 苦 | カ | ハ |
| り | ン | び | 物 | 釣 | 書 | ー | 写 | 画 | 魔 | 甘 | い | レ | ク |
| 物 | バ | ニ | ラ | ダ | ル | 園 | リ | 編 | ム | ン | ズ | ー | ル |
| ハ | ム | 芸 | ク | イ | 編 | 猟 | ャ | び | 喜 | 動 | 書 | 写 | 真 |
| コ | 園 | ゼ | 物 | ク | 陶 | 興 | 園 | 釣 | 絵 | 玉 | レ | 喜 | び |
| シ | 影 | 狩 | 魔 | ル | イ | 猟 | キ | 猟 | ナ | み | 葱 | ゼ | ラ |
| ョ | 法 | 陶 | 撮 | 猟 | グ | 書 | 書 | ジ | ッ | サ | フ | ラ | ン |
| ウ | キ | フ | ズ | 興 | 興 | ハ | ム | み | メ | 魔 | 猟 | ジ | グ |
| 撮 | 喜 | 園 | ェ | ジ | 影 | 動 | 猟 | リ | グ | 園 | 物 | ズ | グ |
| 品 | シ | ナ | モ | ン | 園 | キ | 味 | 書 | ク | ミ | ン | ア | パ |
| ハ | ョ | 動 | プ | 園 | ネ | 影 | ク | 真 | ク | り | ラ | ニ | シ |
| 編 | ウ | ル | シ | 狩 | カ | ル | ダ | モ | ン | ゼ | ラ | ス | グ |
| 甘 | ガ | 芸 | 釣 | 編 | ゼ | 狩 | び | ク | 編 | キ | 品 | ジ | 釣 |
| 草 | コ | リ | ア | ン | ダ | ー | 塩 | ン | ー | 猟 | 写 | パ | ジ |

| | |
|---|---|
| サフラン | カレー |
| 甘草 | 玉葱 |
| ニンニク | コリアンダー |
| 苦い | クミン |
| アニス | 甘い |
| サワー | フェンネル |
| バニラ | ショウガ |
| シナモン | ナツメグ |
| カルダモン | コショウ |

# 26 - Aniversário

ム ダ シ 動 絵 ー 日 グ 喜 グ ハ 狩 影 編
ハ 喜 撮 生 ま れ ゼ ス ー 読 ッ キ レ び
レ 活 リ 歌 友 び 猟 影 ペ ゲ ピ 贈 り 物
ー ゲ び ジ 達 読 リ 法 シ ー 品 園 陶
活 影 影 プ ク 画 興 ゼ ダ キ ャ ン ド ル
狩 画 読 動 ン 品 狩 影 品 り ダ ル ダ レ
リ 狩 リ 法 芸 狩 編 ズ ン び ク 撮 キ び
年 キ 興 動 シ ゲ 興 み 知 恵 読 絵 狩 影
味 ル 狩 工 招 待 状 お 祝 い 狩 書 芸 リ
イ ズ ゲ 品 ー み キ 猟 ム ー ケ 読 リ り
時 動 ハ ハ り 若 カ レ ン ダ ー エ キ 読
間 真 動 動 喜 い ー 興 読 絵 キ 物 ン 画 工
絵 読 び び 魔 ラ ド 真 り 写 写 釣 活 エ
物 喜 編 興 猟 興 動 読 学 ぶ た め に 釣

| | |
|---|---|
| 友達 | スペシャル |
| 学ぶために | ハッピー |
| ケーキ | 若い |
| カレンダー | 生まれ |
| カード | 知恵 |
| お祝い | 時間 |
| 招待状 | キャンドル |
| 贈り物 | |

| イ | 活 | ゲ | 魔 | 喜 | 芸 | 釣 | 編 | ズ | イ | グ | 興 | 品 | 窓 |
| ダ | 物 | ゲ | 書 | 法 | ズ | ン | 園 | 芸 | 真 | ハ | 釣 | 釣 | ド |
| 書 | 動 | 工 | 活 | 庭 | 編 | フ | ェ | ン | ス | り | ラ | 味 | ア |
| 真 | 釣 | 芸 | 動 | 芸 | 真 | 法 | 物 | ダ | 釣 | ル | 品 | 狩 | プ |
| 喜 | 法 | 写 | キ | 法 | ハ | 読 | 品 | グ | り | リ | ム | 編 | キ |
| シ | ャ | ワ | ー | グ | グ | ー | パ | 書 | 暖 | 炉 | ラ | 編 | ッ |
| 写 | 味 | 釣 | 芸 | 読 | 味 | 陶 | 狩 | パ | リ | 猟 | 編 | ャ | チ |
| パ | ガ | び | グ | み | り | ル | 書 | キ | り | 家 | 猟 | ゼ | ン |
| シ | レ | 画 | 魔 | 猟 | ハ | ダ | ハ | ム | 書 | 画 | 具 | 撮 | ジ |
| 味 | ー | 味 | 鏡 | パ | 芸 | 釣 | 猟 | 園 | ゲ | パ | 天 | 井 | ハ |
| り | ジ | 蛇 | 画 | 猟 | 活 | び | 編 | 動 | キ | 猟 | イ | キ | り |
| 書 | ダ | ル | 口 | 絵 | キ | 魔 | み | ン | ジ | 園 | ン | 品 | 撮 |
| 壁 | ラ | キ | 部 | 興 | 真 | 法 | ジ | 書 | 陶 | 芸 | 図 | 書 | 館 |
| パ | 園 | グ | 屋 | 根 | 裏 | カ | ー | テ | ン | ほ | う | き | ラ |

図書館　　　　　　　　　家具
フェンス　　　　　　　　ドア
キー　　　　　　　　　　部屋
シャワー　　　　　　　　屋根裏
カーテン　　　　　　　　ラグ
キッチン　　　　　　　　天井
ガレージ　　　　　　　　蛇口
暖炉　　　　　　　　　　ほうき

# 28 - Vegetais

カ 画 品 ク 味 レ ジ 動 プ キ キ み ジ 喜
ブ ロ ッ コ リ ー 絵 リ セ グ 猟 ゲ 写 ャ
ほ ー パ 活 レ 品 画 キ ロ に ん じ ん パ
イ う ラ パ エ キ ュ ウ リ エ ン ド ウ セ
ジ 狩 れ ズ エ シ サ ラ ダ び ゼ 狩 ー リ
ー 動 狩 ん 撮 ョ 書 法 シ 玉 葱 い も ゼ
プ ム ン ゼ 草 活 ロ じ ゃ が い み 魔 影
画 影 ル 品 だ ガ 茄 園 ッ ゲ 書 パ 陶 芸
ダ 狩 プ 撮 い か 子 ジ ズ ト ラ リ ル ク
絵 魔 レ リ こ ぼ ム ム ラ 画 リ キ ズ キ
キ ノ コ れ ん ち ニ 絵 芸 ト ハ ラ 喜 グ
動 狩 味 パ レ ゃ 画 ン ダ マ プ 興 ハ ダ
イ 釣 ル 動 ン キ 品 ラ ニ ト ズ 活 ム 狩
ジ レ ア ー ティ チ ョ ー ク り ム ズ 狩

| | |
|---|---|
| かぼちゃ | キノコ |
| セロリ | エンドウ |
| アーティチョーク | ほうれん草 |
| ニンニク | ショウガ |
| じゃがいも | カブ |
| 茄子 | キュウリ |
| ブロッコリー | だいこん |
| 玉葱 | サラダ |
| にんじん | パセリ |
| エシャロット | トマト |

# 29 - Exploração

| | | | | | | | | | | | | | |
|---|---|---|---|---|---|---|---|---|---|---|---|---|---|
| 陶 | パ | ゼ | キ | 味 | 発 | 見 | リ | 陶 | ム | ハ | 新 | ジ | 芸 |
| 猟 | 影 | 写 | ン | 決 | 読 | み | 陶 | ク | 影 | 一 | 野 | 着 | 興 |
| エ | び | ク | ハ | 定 | ハ | 法 | ゼ | ム | 園 | 生 | 味 | ル | 興 |
| り | 編 | シ | び | 撮 | 喜 | 絵 | 影 | 画 | 釣 | 写 | ン | 不 | 奮 |
| 活 | シ | ズ | イ | 狩 | リ | キ | プ | 法 | 法 | 品 | ズ | 明 | パ |
| ル | 真 | 真 | ハ | シ | 言 | 喜 | ジ | 興 | 活 | 猟 | ハ | 絵 | 書 |
| 撮 | 園 | エ | プ | 物 | び | 語 | 書 | 活 | 動 | 魔 | 写 | 物 | ル |
| み | シ | 物 | 狩 | 影 | ゼ | プ | 興 | 猟 | 写 | 興 | 写 | 興 | ズ |
| ラ | キ | 釣 | 動 | リ | 読 | み | ル | 活 | 一 | 写 | 物 | 編 | 動 |
| 活 | 撮 | ズ | 撮 | ャ | 魔 | 文 | 化 | 一 | 写 | キ | エ | 興 | に |
| び | 猟 | ズ | 興 | ゲ | グ | 猟 | 動 | 写 | 釣 | エ | 編 | グ | 撮 |
| 動 | ル | 品 | 物 | ズ | 影 | み | 読 | ズ | 猟 | 撮 | た | め | 撮 |
| 物 | 旅 | 行 | ズ | み | ャ | ラ | ル | 影 | 学 | 地 | 形 | 遠 | い |
| 勇 | 気 | 物 | イ | シ | 猟 | キ | ャ | 撮 | 地 | 形 | 遠 | い | 撮 |

動物　　　　　遠い
学ぶために　　スペース
活動　　　　　興奮
勇気　　　　　言語
文化　　　　　新着
発見　　　　　野生
不明　　　　　地形
決定　　　　　旅行

# 30 - Balé

味 ダ ン サ ー ジ 絵 り 狩 ス 振 書 音 楽
芸 物 興 ャ ク ェ ハ ジ イ キ り 練 習 び
術 法 味 イ ル ス タ イ ル 付 エ 狩 ズ
的 真 り イ ル チ パ 釣 ン イ け 技 術 写
イ リ ハ み 魔 ャ ハ 撮 ズ 画 園 動 絵 編
活 ハ ズ 絵 キ ー 活 絵 影 園 ズ イ ゲ
グ ー イ み 品 シ イ ジ 強 度 法 興 キ
ム サ み オ ゼ ャ び 書 絵 撮 味 陶 影
ー ル 真 法 ー 園 ズ 作 エ 写 ズ ズ ゼ
ャ 釣 品 ソ 筋 ケ ジ 曲 味 影 園 品
猟 法 プ ロ 肉 ス 家 ラ ズ 園 読 プ
バ レ リ ー ナ リ エ ト 興 ャ 物 ズ 物
表 現 力 豊 か な 狩 芸 ラ 影 ダ 編 物 リ
喜 ジ び ム キ 興 真 撮 物 拍 手 読 ャ 編

| | |
|---|---|
| 拍手 | スキル |
| 芸術的 | 強度 |
| バレリーナ | 筋肉 |
| 作曲家 | 音楽 |
| 振り付け | オーケストラ |
| ダンサー | 練習 |
| リハーサル | リズム |
| スタイル | ソロ |
| 表現力豊かな | 技術 |
| ジェスチャー | |

# 31 - Conservação

| プ | ゼ | ジ | 絵 | ジ | 編 | 猟 | 釣 | 絵 | ジ | 画 | ク | ハ | ン |
|---|---|---|---|---|---|---|---|---|---|---|---|---|---|
| び | ジ | グ | 芸 | 猟 | 法 | 園 | 画 | ダ | 撮 | 狩 | ゲ | 真 | 興 |
| ャ | み | 影 | 品 | ジ | ボ | ラ | ン | ティ | ア | ク | 陶 | リ | リ |
| 撮 | ク | ラ | 味 | り | 撮 | 物 | ズ | 興 | 活 | 健 | り | リ | ム |
| 絵 | 物 | 書 | リ | 持 | 続 | 可 | 能 | ラ | 編 | 康 | キ | 気 | 候 |
| イ | 影 | ズ | ダ | サ | 釣 | 削 | 水 | 喜 | ゼ | 品 | 陶 | ズ | 味 |
| 園 | イ | ク | 読 | ル | イ | 釣 | 減 | 環 | 緑 | ダ | ラ | ー | 法 |
| 陶 | ナ | チ | ュ | ラ | ル | ク | 園 | 境 | 釣 | イ | 活 | 喜 | プ |
| イ | 有 | ク | 生 | サ | イ | ク | ル | ズ | シ | ン | リ | 写 | 芸 |
| 読 | 機 | 撮 | 息 | 態 | 絵 | 真 | ゲ | み | 狩 | ゼ | ク | 法 | 読 |
| 教 | ク | 興 | 地 | び | 系 | 釣 | 写 | 農 | 薬 | 活 | エ | イ | り |
| 育 | ハ | レ | び | 釣 | ゼ | ル | 影 | 芸 | 活 | グ | り | 興 | 釣 |
| 撮 | ク | み | 汚 | 染 | み | シ | 動 | ン | 写 | 園 | り | 喜 | 陶 |
| パ | 法 | 魔 | 画 | 陶 | シ | 書 | 編 | ハ | 影 | ゲ | ラ | ハ | 真 |

| | |
|---|---|
| 環境 | 農薬 |
| サイクル | 汚染 |
| 気候 | リサイクル |
| 生態系 | 削減 |
| 教育 | 健康 |
| 生息地 | 持続可能 |
| ナチュラル | ボランティア |
| 有機 | |

# 32 - Adjetivos #1

```
パ 味 活 寛 び 遅 動 重 ジ ズ び ズ ー エ
エ ラ 大 き い 動 喜 い 正 直 プ 釣 キ
喜 絵 品 な ズ 撮 影 ダ り 動 暗 物 活 ゾ
リ 薄 い 動 魅 ク 陶 編 影 ャ い み ク チ
絵 味 プ グ カ ク ゼ 芸 影 ゼ シ 芳 ゼ ッ
ズ ゲ 味 ゼ 的 重 喜 編 猟 ャ 撮 喜 香 ク
芸 術 的 巨 編 要 深 刻 活 動 ズ び び 族
園 神 動 大 狩 り ラ シ 陶 ジ り 物 リ ル
影 魔 秘 な 狩 り び レ 芸 魔 み ク ム ゼ
ゲ 活 び 的 工 芸 味 ャ 貴 イ ン 工 影 真
物 同 リ キ な モ ダ ン 重 ジ エ 書 写 ダ
レ ー レ ゲ プ ー ダ 品 狩 画 グ 釣 絶 イ
画 狩 ク リ 狩 ラ 狩 喜 完 全 味 編 対 影
レ ズ 真 撮 ル み 物 狩 法 グ 陶 ハ 撮 写
```

| | |
|---|---|
| 絶対 | 正直 |
| 芳香族 | 同一 |
| 芸術的 | 重要 |
| 魅力的 | 遅い |
| 巨大な | 神秘的な |
| 暗い | モダン |
| エキゾチック | 完全 |
| 薄い | 重い |
| 寛大な | 深刻 |
| 大きい | 貴重 |

# 33 - Insetos

バー陶真一ダラ蜂蚊動甲虫魔園
ッアブラムシダ味芸キゲ蝶興ム
タ蟻クダゲゼ撮ゼジゲーシ絵編
味一ワーみイ書写ゼ幼虫ロ魔グみ
活ク撮ーリ書絵ャイイびアグみ
活キダ影ムレ編ムみイ蝉リゼみ
狩みりキ絵ングムゲズノンラシ
物ャパー編読リズ釣ラゲミりー
法スゲエ法ンズ活狩ゲ園魔ジイ
ゲズエ猟ラ画書ンク品編画活活
編メャ画エレゼ影一狩ラエ絵ゴ
影バダラびグ写ダ撮プレ影ハキ
ゲチグハ品ム蛾てんとう虫狩ブ
び味魔ャトンボゲラ影カマキリ

| | |
|---|---|
| ゴキブリ | トンボ |
| 甲虫 | カマキリ |
| シロアリ | ワーム |
| バッタ | ノミ |
| てんとう虫 | アブラムシ |
| 幼虫 | スズメバチ |

# 34 - Paisagens

| ゲ | グ | ー | み | 編 | 氷 | 河 | み | 喜 | 湖 | 影 | 釣 | 編 | プ |
|---|---|---|---|---|---|---|---|---|---|---|---|---|---|
| 法 | 狩 | り | 活 | 真 | 火 | 山 | 物 | プ | ク | 書 | リ | 読 | エ |
| 滝 | び | 真 | り | ー | 山 | ャ | 品 | シ | 狩 | ク | 海 | 洞 | プ |
| プ | オ | ア | シ | ス | 沼 | 活 | 物 | ル | 釣 | ル | キ | 洋 | 窟 | 釣 |
| 活 | 真 | 活 | 猟 | キ | エ | 影 | 活 | ジ | ダ | 画 | ム | 動 | 芸 |
| 狩 | イ | 谷 | ャ | 編 | パ | シ | 品 | 真 | レ | ビ | 動 | ン | 陶 |
| ツ | ン | ド | ラ | 編 | イ | 撮 | 芸 | 猟 | 画 | ー | キ | 画 | 読 |
| ダ | ル | 真 | 影 | み | み | ー | 猟 | ク | み | チ | ャ | ラ | ラ |
| 物 | 陶 | 喜 | 撮 | キ | パ | 川 | ャ | り | 陶 | ク | 園 | 書 | 法 |
| ー | 釣 | 猟 | 撮 | ゼ | ゲ | ー | グ | シ | み | ム | 影 | 釣 | 湾 |
| 画 | ル | グ | ジ | 味 | 活 | エ | レ | ズ | ジ | 半 | 島 | ム | 写 |
| 法 | シ | ジ | ジャ | 書 | ム | ズ | 書 | 品 | ャ | 活 | ダ | み |
| 影 | 魔 | 画 | ー | レ | イ | ゼ | 喜 | 陶 | ダ | 動 | み | 興 | ム |
| 真 | ャ | 興 | 絵 | ン | 動 | ム | ャ | 砂 | 漠 | 真 | 絵 | 丘 | エ |

| | |
|---|---|
| 洞窟 | 海洋 |
| 砂漠 | 半島 |
| 氷河 | ビーチ |
| 氷山 | ツンドラ |
| オアシス | 火山 |

# 35 - Dança

| ー | ゼ | ャ | ア | ー | ト | 影 | ク | 振 | 伝 | ル | 園 | ビ | 興 |
|---|---|---|---|---|---|---|---|---|---|---|---|---|---|
| 姿 | 勢 | 味 | ジ | カ | イ | シ | 魔 | り | び | 統 | グ | ジ | 画 |
| キ | ゼ | イ | み | 編 | デ | ム | ン | 付 | 陶 | 画 | 的 | ュ | ゼ |
| リ | ズ | ム | 興 | ゲ | 狩 | ミ | 書 | け | 動 | 書 | ム | ア | 読 |
| ハ | 興 | 影 | 狩 | 音 | 表 | 陶 | ー | ル | き | り | 絵 | ル | 狩 |
| ー | シ | ク | 絵 | 楽 | 現 | 喜 | グ | 画 | 写 | キ | 法 | エ | ク |
| サ | 撮 | 狩 | ハ | 感 | カ | レ | パ | ー | ト | ナ | ー | ゼ | ラ |
| ル | 読 | ラ | ン | 情 | 豊 | ゼ | ハ | ャ | 動 | ジ | 画 | キ | シ |
| 文 | ー | 陶 | 動 | パ | か | み | エ | 写 | 影 | プ | 釣 | ハ | ッ |
| イ | 化 | ー | 狩 | り | な | 喜 | グ | び | 真 | エ | リ | 味 | ク |
| 書 | 喜 | み | 品 | 喜 | り | 釣 | 園 | ダ | ム | ク | 真 | 書 | 物 |
| 絵 | シ | ン | 活 | 動 | 絵 | 釣 | り | レ | 興 | 魔 | 法 | 画 | ジ |
| び | シ | ル | 味 | 陶 | 体 | ズ | ダ | グ | 釣 | ム | 園 | ハ | 味 |
| 真 | ャ | 動 | 猟 | 魔 | 編 | 撮 | 陶 | 活 | 写 | 真 | 陶 | グ | ダ |

| | |
|---|---|
| アカデミー | 動き |
| アート | 音楽 |
| クラシック | パートナー |
| 振り付け | 姿勢 |
| 文化 | リズム |
| 感情 | 伝統的 |
| リハーサル | ビジュアル |
| 表現力豊かな | |

# 36 - Nutrição

| | | | | | | | | | | | | | |
|---|---|---|---|---|---|---|---|---|---|---|---|---|---|
| ズ | パ | ラ | ダ | 液 | 体 | 一 | 元 | 活 | ク | キ | み | エ | 読 |
| 真 | 動 | エ | イ | キ | ク | ム | 影 | 気 | 健 | 康 | 苦 | い | 書 |
| ダ | ソ | 喜 | エ | ン | ゲ | ゲ | 猟 | 興 | 一 | ビ | タ | ミ | ン |
| 品 | ー | 狩 | ッ | ク | 食 | 用 | 園 | 書 | バ | ラ | ン | ス | ャ |
| 質 | ス | ー | ト | 品 | 欲 | ゲ | み | 読 | ラ | シ | パ | み | ャ |
| 陶 | ジ | び | 園 | 消 | 重 | 陶 | 芸 | 読 | 興 | 動 | ク | 狩 | ゲ |
| 撮 | カ | ロ | リ | ー | 化 | さ | 読 | キ | ハ | 編 | 質 | 編 | 発 |
| 味 | ズ | 画 | み | ャ | エ | グ | び | ハ | パ | ズ | 味 | 味 | 酵 |
| ャ | ハ | 編 | 園 | 芸 | 絵 | 味 | 編 | リ | ゲ | ー | 狩 | ラ | ラ |
| リ | ジ | ー | 猟 | 芸 | 書 | 活 | 園 | 猟 | 園 | ズ | 編 | キ | 狩 |
| 物 | レ | 撮 | ゲ | 動 | ク | ラ | 動 | 喜 | 園 | 真 | ハ | 書 | 活 |
| レ | エ | 毒 | 編 | グ | ジ | プ | シ | 絵 | 興 | リ | 画 | リ | 味 |
| 栄 | 養 | 素 | 写 | ラ | 芸 | 編 | 魔 | ジ | ャ | 炭 | 水 | 化 | 物 |
| ラ | ム | レ | 活 | ハ | ク | ゼ | 書 | パ | ラ | 真 | 影 | 活 | ゼ |

苦い　　　　　　　　ソース
食欲　　　　　　　　栄養素
カロリー　　　　　　重さ
炭水化物　　　　　　タンパク質
食用　　　　　　　　品質
ダイエット　　　　　元気
消化　　　　　　　　健康
バランス　　　　　　毒素
発酵　　　　　　　　ビタミン
液体

# 37 - Disciplinas Científicas

| 物 | 法 | 釣 | 活 | ャ | 味 | 興 | 狩 | 法 | ラ | 免 | 真 | 熱 | イ |
| キ | ネ | シ | オ | ロ | ジ | ー | 化 | 猟 | パ | 疫 | グ | カ | エ |
| 生 | 理 | 神 | ー | び | 地 | 質 | 学 | り | 植 | 学 | 釣 | 学 | シ |
| 化 | プ | 経 | 猟 | 芸 | ン | 動 | 物 | 学 | 物 | 気 | キ | び | ン |
| 学 | 園 | 学 | 写 | ル | キ | ー | プ | ン | 学 | び | 象 | ャ | ダ |
| 活 | ク | パ | 陶 | ゲ | 釣 | 読 | リ | み | ラ | ー | ー | 学 | ゼ |
| ハ | 品 | ズ | 園 | 狩 | 工 | 陶 | 書 | 活 | 写 | 言 | 園 | ャ | ラ |
| ャ | 絵 | ャ | ー | 撮 | 猟 | ン | 陶 | 喜 | ー | 語 | 狩 | プ | 喜 |
| 品 | 釣 | 天 | 工 | 社 | 編 | ズ | 影 | キ | 写 | 学 | 猟 | ル | 味 |
| 撮 | 法 | 魔 | 文 | 会 | ラ | り | ゼ | 鉱 | グ | 狩 | ャ | 園 | 品 |
| ダ | ズ | 生 | 物 | 学 | 解 | 剖 | 学 | 物 | 考 | ダ | 品 | ル | シ |
| ル | 魔 | 態 | ズ | ハ | 釣 | 法 | ゼ | 学 | 心 | 古 | ズ | 真 | 味 |
| ズ | 魔 | 学 | 活 | シ | 魔 | 喜 | レ | ジ | 理 | ン | 学 | パ | 陶 |
| パ | び | ン | 活 | 動 | イ | ゼ | キ | ゲ | 学 | り | 絵 | 読 | び |

| | |
|---|---|
| 解剖学 | 免疫学 |
| 考古学 | 言語学 |
| 天文学 | 気象学 |
| 生物学 | 鉱物学 |
| 生化学 | 神経学 |
| 植物学 | 心理学 |
| キネシオロジー | 化学 |
| 生態学 | 社会学 |
| 生理 | 熱力学 |
| 地質学 | 動物学 |

| ム | り | 注 | 釣 | 絵 | 親 | グ | リ | グ | ル | ー | 園 | ー | シ |
|---|---|---|---|---|---|---|---|---|---|---|---|---|---|
| キ | 画 | 法 | 意 | イ | 切 | 習 | び | レ | 活 | ズ | 編 | 観 | 撮 |
| 平 | 和 | 狩 | ゼ | 興 | り | 慣 | キ | 絵 | 編 | 活 | 感 | 察 | 園 |
| シ | ャ | 編 | 喜 | パ | 魔 | グ | ズ | 自 | 受 | 法 | 法 | 謝 | び |
| ズ | ズ | 釣 | 園 | ジ | ハ | 陶 | 影 | 然 | け | ル | ダ | ジ | 喜 |
| 思 | い | や | り | リ | 魔 | ル | 釣 | エ | 読 | 入 | ジ | れ | ム |
| 考 | ー | ゼ | ン | 芸 | 編 | 書 | パ | び | み | 真 | 園 | れ | 品 |
| パ | ー | ス | ペ | ク | テ | ィ | ブ | 真 | 読 | レ | 真 | プ | 画 |
| 絵 | 教 | え | 沈 | 黙 | 編 | 撮 | ダ | 姿 | マ | 動 | き | 編 | 動 |
| り | メ | ン | タ | ル | ジ | 芸 | ク | 勢 | イ | 明 | ー | 音 | ン |
| 読 | 影 | キ | 狩 | 編 | ル | エ | ダ | ン | ン | 快 | 感 | 楽 | 興 |
| ゲ | ラ | グ | 陶 | ズ | レ | 品 | 撮 | 釣 | ド | 物 | 情 | キ | り |
| ダ | ン | ジ | 陶 | 猟 | ャ | ル | リ | 撮 | ル | 猟 | 猟 | パ | 魔 |
| 芸 | 釣 | ム | 真 | み | 書 | レ | エ | ダ | び | ク | ハ | エ | 写 |

| | |
|---|---|
| 受け入れ | マインド |
| 注意 | 動き |
| 親切 | 音楽 |
| 明快 | 自然 |
| 思いやり | 観察 |
| 感情 | 平和 |
| 教え | 思考 |
| 感謝 | パースペクティブ |
| 習慣 | 姿勢 |
| メンタル | 沈黙 |

# 39 - Artes Visuais

| | | | | | | | | | | | | | |
|---|---|---|---|---|---|---|---|---|---|---|---|---|---|
| 味 | 猟 | 狩 | 活 | 画 | 動 | び | び | び | ポ | 活 | ワ | ニ | ス |
| 魔 | 魔 | 鉛 | ゼ | ラ | ズ | イ | ペ | イ | ー | ゼ | 編 | 編 | テ |
| プ | 陶 | 読 | 筆 | エ | エ | パ | ン | ダ | ト | 画 | り | エ | ン |
| 活 | 写 | 興 | ハ | チ | ョ | ー | ク | キ | レ | 陶 | ダ | プ | シ |
| ワ | ッ | ク | ス | エ | ル | ス | 建 | ハ | ー | シ | 写 | 映 | ル |
| 真 | 真 | シ | 彫 | ャ | ゲ | ペ | 築 | イ | ト | 陶 | キ | 画 | 味 |
| 絵 | 画 | 喜 | 刻 | 影 | 法 | ク | 読 | グ | ダ | 真 | ー | シ | 撮 |
| 写 | 真 | 編 | 動 | ア | ー | テ | ィ | ス | ト | プ | ー | ハ | ク |
| 真 | 興 | ハ | 読 | 影 | ゼ | ィ | 活 | り | ハ | ハ | 芸 | ラ | ン |
| 読 | 釣 | 芸 | 陶 | 味 | 書 | ブ | 粘 | 写 | 影 | エ | ル | ゼ | 園 |
| ズ | 魔 | 法 | 味 | エ | 構 | 成 | 土 | 写 | 魔 | 読 | 画 | ム | リ |
| 真 | 芸 | 真 | び | 影 | ム | 興 | 創 | ル | キ | 喜 | シ | ー | 興 |
| 物 | ハ | 編 | 品 | 魔 | 傑 | 作 | 法 | 造 | び | ジ | ハ | 炭 | 編 |
| リ | ム | 園 | 喜 | シ | 画 | み | キ | イ | 性 | み | ー | イ | ク |

| | |
|---|---|
| 粘土 | 映画 |
| 建築 | 写真 |
| アーティスト | チョーク |
| ペン | 鉛筆 |
| イーゼル | 傑作 |
| ワックス | パースペクティブ |
| 構成 | 絵画 |
| 創造性 | ポートレート |
| 彫刻 | ワニス |
| ステンシル | |

# 40 - Instrumentos Musicais

```
ゲ 味 ャ 園 リ ー パ 編 影 イ 法 撮 ハ チ
狩 み 猟 ハ 真 写 ン 読 エ ジ ク り ー ェ
フ ル ー ト ラ ン ペ ッ ト ド ラ ム モ ロ
活 狩 ラ ジ 撮 物 法 ー 物 リ 活 ニ 喜 口
ギ ファ ゴ ッ ト マ リ ン バ ネ 法 カ バ ー
ダ タ 読 編 芸 喜 ン パ ー カ ッ シ ョ ン
活 猟 ー ャ 読 物 ド パ リ 真 ト パ ク ジ
ハ 味 ン バ イ オ リ ン ン ズ 写 ダ ャ ョ
ー タ ン バ リ ン ン ラ ゼ 真 ャ ラ 陶 ー
プ ト ロ ン ボ ー ン 喜 り 品 イ 影 び 品
ズ サ 品 リ プ エ 陶 シ プ ル プ 画 動 撮
画 陶 ッ ゴ シ ピ ア ノ 猟 エ ャ 狩 芸 ラ
編 狩 写 ク ン オ ー ボ エ キ ー り レ 園
ハ エ リ 法 ス グ 陶 ゲ エ ゼ 絵 レ ゼ ラ
```

| | |
|---|---|
| マンドリン | タンバリン |
| バンジョー | パーカッション |
| クラリネット | ピアノ |
| ファゴット | サックス |
| フルート | ドラム |
| ハーモニカ | トロンボーン |
| ゴング | トランペット |
| ハープ | ギター |
| マリンバ | バイオリン |
| オーボエ | チェロ |

喜 画 影 グ リ 書 ハ 釣 み 真 数 動 編 撮
ア ル フ ァ ベ ッ ト 答 え ズ 字 ム フ ダ
影 レ ゲ み 法 レ 影 画 品 動 ラ 試 ォ 物
友 達 び 活 興 イ 釣 物 狩 グ ム 験 ル ル
写 園 画 イ 影 レ 品 リ ャ 読 み 編 ダ プ
ジ 読 物 撮 ダ リ マ ー カ ー ン キ ー 書
ラ ズ 猟 み グ ジ シ 品 イ ン ズ 読 読 リ
ル シ び 品 興 釣 ラ ャ 活 り 書 読 編 真
び シ ー グ び 喜 イ パ 鉛 筆 ラ 読 シ ー
レ 図 画 ル 興 狩 絵 ダ 写 ラ 画 編 イ ハ
撮 書 ジ 影 ラ ル パ エ 法 園 先 数 学 ズ
ン 館 編 園 品 紙 影 ジ ン 書 生 プ 編 ラ
動 り レ ズ 椅 読 ジ ャ ジ 机 籍 レ ペ ン
魔 画 品 物 子 動 り 学 ぶ た め に パ チ

| | |
|---|---|
| アルファベット | 書籍 |
| ランチ | マーカー |
| 友達 | 数学 |
| 学ぶために | 数字 |
| 図書館 | フォルダー |
| 椅子 | 先生 |
| ペン | クイズ |
| 試験 | 答え |
| 鉛筆 | |

| 芸 | 真 | ゲ | ゼ | 園 | 編 | 写 | ナ | み | ギ | キ | 芸 | グ | 読 |
|---|---|---|---|---|---|---|---|---|---|---|---|---|---|
| 画 | リ | 園 | 動 | 芸 | 読 | 編 | チ | ズ | フ | ド | ラ | イ | 品 |
| み | 興 | 活 | 動 | 活 | グ | 画 | ュ | ゼ | テ | ホ | ゼ | 陶 | 釣 |
| 説 | 明 | 塩 | 辛 | い | 写 | 影 | ラ | 動 | ッ | ト | 責 | 任 | 者 |
| 絵 | 物 | 強 | ク | ク | 狩 | レ | ル | 真 | ド | ト | 撮 | 写 | 書 |
| 正 | 一 | 書 | い | 喜 | 面 | オ | ー | セ | ン | テ | ィ | ッ | ク |
| 常 | エ | レ | ガ | ン | ト | 白 | ク | リ | エ | イ | テ | ィ | ブ |
| 野 | 生 | ラ | 誇 | ゲ | 物 | ク | い | 味 | 絵 | 猟 | リ | シ | ゲ |
| ラ | ム | 釣 | り | 動 | み | キ | 動 | ゼ | 品 | リ | 読 | 真 | 興 |
| エ | 書 | ャ | 釣 | 猟 | 喜 | 喜 | 元 | 気 | ン | 写 | プ | 猟 | 真 |
| 画 | イ | 芸 | 影 | 動 | 生 | り | イ | ピ | 狩 | シ | 動 | 魔 | エ |
| み | 品 | 画 | 有 | 名 | な | 産 | 絵 | ュ | リ | 芸 | ク | 書 | シ |
| パ | ハ | キ | 狩 | ハ | ゼ | パ | 的 | ア | 狩 | ダ | グ | グ | び |
| ゲ | ル | 魔 | ル | ダ | エ | 魔 | 興 | り | グ | 芸 | り | 新 | 着 |

| | |
|---|---|
| オーセンティック | 新着 |
| クリエイティブ | 誇り |
| 説明 | 生産的 |
| ギフテッド | ピュア |
| エレガント | ホット |
| 有名な | 責任者 |
| 強い | 塩辛い |
| 面白い | 元気 |
| ナチュラル | ドライ |
| 正常 | 野生 |

# 43 - Roupas

```
品 撮 ブ ラ ウ ス 園 キ 芸 真 フ 動 キ 絵
読 ド レ ス 興 び ャ 物 撮 み ァ 味 釣 物
パ 喜 ス 園 園 ゼ 陶 芸 ゲ 撮 ッ 読 猟 ジ
興 キ レ セ り ネ り グ 喜 味 シ 活 シ 物
ジ シ ッ ー ル ッ ラ パ サ ョ 釣 グ エ
ー ャ ト タ 猟 ク パ ジ ン パ 品 物 ゲ
ン ツ ケ ー ベ レ び ャ ダ ツ エ パ 園
ズ ハ リ ッ ル ス 活 マ ハ イ プ エ 品
り ゼ 影 喜 ト 釣 帽 手 興 釣 ス ロ 影 活
グ ゲ グ 書 イ 芸 子 真 袋 ス カ ン ズ リ
キ 釣 動 エ シ ル 猟 読 園 靴 ー 物 活 パ
り 画 撮 リ コ ー 釣 味 ハ 品 下 ト ー キ 品
り ゼ み 味 ー ハ ダ 画 ャ 動 物 ー プ リ
グ パ 編 リ ト び ジ 園 狩 グ 味 ク シ 絵
```

| | |
|---|---|
| エプロン | 手袋 |
| ブラウス | 靴下 |
| パンツ | ファッション |
| シャツ | パジャマ |
| コート | ブレスレット |
| 帽子 | スカート |
| ベルト | サンダル |
| ネックレス | セーター |
| ジャケット | ドレス |
| ジーンズ | |

# 44 - Herbalismo

レダクル植レ法グバグ真び喜喜
魔釣園パリ物ゼフジキャシ猟撮
イン品魔パ活ダェルズーキラリ
有ルレジタラゴン書釣影ラベ陶
益芸狩ク真魔真ネ喜猟喜ダンび
ムパ書プ猟物影ルタイム園ダ動
イセシ編クロ狩真マ味写イー緑
コリアンダー喜シー動庭真釣陶
ンゲゲ狩園ズサレジ読キみイ魔
花み写活撮マ陶フョキ陶読撮ニ
編読魔興みリ品質ラゼ芳リゲン
ゼシ撮興編ーシびムン香成分ニ
び芸プハび陶写ンー族書分動ク
画絵絵工書ズみジ品画ズ書園法

| | |
|---|---|
| サフラン | 成分 |
| ローズマリー | ラベンダー |
| ニンニク | バジル |
| 芳香族 | マージョラム |
| 有益 | 植物 |
| コリアンダー | 品質 |
| タラゴン | パセリ |
| フェンネル | タイム |

# 45 - Férias #1

| エ | り | ハ | 遠 | 動 | 喜 | 物 | み | イ | 動 | 飛 | 書 | 興 | キ |
|---|---|---|---|---|---|---|---|---|---|---|---|---|---|
| ズ | 法 | 狩 | 征 | 魔 | パ | み | レ | ル | 芸 | 行 | バ | 釣 | 品 |
| エ | リ | パ | 品 | 動 | 影 | ム | 編 | ク | 猟 | 機 | ッ | り | ム |
| 興 | ゲ | 狩 | り | 芸 | 園 | ゲ | キ | ム | み | キ | ク | り | 撮 |
| パ | 動 | ズ | ダ | 路 | 面 | 電 | 車 | ゼ | 園 | 絵 | パ | 書 | ン |
| ダ | ン | リ | ラ | ム | 味 | 絵 | 絵 | 税 | ハ | ス | ッ | 編 | ジ |
| 物 | 釣 | 旅 | ラ | ク | り | 園 | シ | イ | 関 | ー | ク | 興 | パ |
| ダ | 博 | 程 | ズ | ク | 法 | 読 | み | 猟 | 品 | ッ | 撮 | 編 | り |
| ゼ | 物 | 出 | 発 | ャ | ゼ | 法 | 猟 | 園 | プ | ケ | ム | ー | び |
| ル | 館 | 絵 | 園 | ク | ツ | ー | リ | ス | ト | ー | 動 | チ | 狩 |
| 傘 | 通 | 貨 | 撮 | 猟 | ズ | 真 | シ | 猟 | ゼ | ス | 物 | ケ | 読 |
| パ | 画 | グ | レ | 品 | イ | 読 | ゲ | ョ | 書 | 芸 | ン | ッ | 編 |
| み | 書 | パ | レ | 品 | 活 | 読 | 魔 | 魔 | ン | 車 | 湖 | ト | エ |
| ズ | 読 | ジ | 狩 | 喜 | ゼ | ー | 活 | ャ | ゲ | 狩 | エ | パ | 影 |

税関　　　　　　　　　　　　バックパック
飛行機　　　　　　　　　　　通貨
チケット　　　　　　　　　　博物館
路面電車　　　　　　　　　　出発
遠征　　　　　　　　　　　　リラクゼーション
旅程　　　　　　　　　　　　ツーリスト
スーツケース

# 46 - Frutas

| | | | | | | | | | | | | | |
|---|---|---|---|---|---|---|---|---|---|---|---|---|---|
| ャ | バ | ハ | イ | 園 | パ | ジ | シ | 喜 | ベ | 影 | 物 | グ | ブ |
| 喜 | ナ | ク | チ | ム | 魔 | ネ | ク | タ | リ | ン | み | 味 | ラ |
| 陶 | ナ | ク | ェ | ジ | ジ | 芸 | オ | シ | ー | キ | 梨 | り | ッ |
| ズ | 撮 | ラ | リ | パ | パ | イ | ヤ | レ | 真 | 書 | キ | 読 | ク |
| ャ | ャ | ズ | ー | イ | び | 画 | モ | ン | レ | ダ | イ | ベ |
| キ | 物 | ベ | び | ナ | び | 工 | 園 | ン | 画 | ジ | キ | チ | リ |
| ア | プ | リ | コ | ッ | ト | 桃 | り | 活 | マ | 写 | ウ | ジ | ー |
| ボ | ッ | ー | ダ | プ | コ | コ | ナ | ッ | ツ | ン | イ | ク | 魔 |
| カ | パ | プ | 読 | ル | 園 | り | み | リ | エ | ム | ゴ | ン | ク |
| ド | ル | 味 | ル | 読 | 写 | 画 | 工 | 写 | 工 | み | リ | ー | ク |
| 釣 | ン | イ | び | び | ク | ズ | 園 | ゼ | パ | キ | 編 | り | シ |
| ゼ | 写 | 影 | 釣 | 読 | 編 | ダ | プ | ャ | 写 | り | リ | 興 | 写 |
| 味 | レ | ズ | 芸 | 葡 | 釣 | 絵 | み | び | ラ | 味 | 真 | ラ | ゲ |
| ク | プ | 芸 | び | 萄 | ゼ | レ | 猟 | 画 | 猟 | リ | 読 | 絵 | イ |

| | |
|---|---|
| アボカド | ラズベリー |
| パイナップル | キウイ |
| ブラックベリー | オレンジ |
| ベリー | レモン |
| バナナ | アップル |
| チェリー | パパイヤ |
| ココナッツ | マンゴー |
| アプリコット | ネクタリン |
| イチジク | 葡萄 |

# 47 - Corpo Humano

| ル | イ | ダ | プ | イ | 活 | 書 | プ | 影 | ル | び | 猟 | 写 | リ |
|---|---|---|---|---|---|---|---|---|---|---|---|---|---|
| り | 写 | ャ | 魔 | ル | ハ | 影 | 法 | 画 | び | 撮 | 動 | ズ | 興 |
| ク | 狩 | 動 | 芸 | ゼ | 肘 | リ | ハ | 芸 | リ | 脳 | 興 | 園 | ダ |
| ゼ | 狩 | レ | 釣 | グ | 活 | 画 | 活 | ン | 品 | 芸 | パ | 膝 | 画 |
| ク | 興 | シ | 撮 | ハ | 足 | 園 | 園 | 芸 | 狩 | 芸 | ー | ズ | 法 |
| 猟 | 喜 | 編 | 陶 | 喜 | レ | シ | 足 | 絵 | ハ | ゲ | キ | ハ | み |
| 頭 | 真 | ム | ズ | ハ | 喜 | 釣 | 首 | 品 | 唇 | 興 | 動 | 心 | 猟 |
| エ | イ | 編 | プ | 活 | キ | 物 | り | シ | 狩 | 魔 | 物 | 口 | 臓 |
| 肌 | 血 | 書 | 味 | ク | 耳 | 肩 | イ | レ | レ | 活 | 目 | 顎 | 額 |
| 鼻 | 物 | 芸 | 品 | ー | ズ | 法 | 動 | ゲ | キ | ム | ャ | 手 | 法 |
| 芸 | 狩 | ゲ | ー | 写 | グ | 猟 | シ | 魔 | ズ | 動 | び | ク | リ |
| エ | 狩 | ム | イ | ム | 画 | 魔 | 猟 | 猟 | り | ゼ | ン | 画 | 猟 |
| ク | 真 | 編 | リ | エ | 指 | 喜 | 猟 | プ | レ | 芸 | 釣 | 芸 | プ |
| ー | ハ | 真 | プ | 園 | ム | リ | 首 | 興 | ジ | ク | 魔 | 活 | 園 |

心臓                                         足首

# 48 - Restaurante #1

狩 び み み 真 活 メ 絵 魔 読 ジ 狩 パ 猟
動 イ 絵 園 プ エ ニ 撮 味 イ 影 パ ン ク
編 ラ ン シ 画 ズ ュ 写 画 興 一 狩 編 釣
ナ 法 び 陶 デ ザ 一 ト ル エ 影 動 園 芸
プ 味 び 予 園 画 撮 陶 法 キ ダ 画 ゼ レ
キ 活 喜 書 約 イ ラ キ 書 撮 ゼ 写 ク 陶
ン プ 猟 ム ジ 魔 グ ゼ 喜 レ 園 狩 り ル
ゼ ン 皿 物 キ イ プ 影 辛 み 写 法 動 ダ
狩 ダ 写 ア 陶 ボ 法 エ い 喜 ズ グ レ り
喜 動 狩 ク レ ウ ェ イ ト レ ス 画 品 活
法 ム 魔 物 ラ ル ラ ム 画 レ レ ダ ナ レ
イ び 一 園 品 動 ギ ソ チ り 絵 リ イ 品
コ ー ヒ ー 肉 法 猟 一 キ ッ チ ン フ ジ
イ び 喜 動 ゼ 芸 ャ ス ン ム 画 活 画 ジ

| | |
|---|---|
| アレルギー | メニュー |
| コーヒー | ソース |
| キッチン | パン |
| ナイフ | 辛い |
| チキン | 予約 |
| ウェイトレス | デザート |
| ナプキン | ボウル |

# 49 - Caminhada

| | | | | | | | | | | | | | |
|---|---|---|---|---|---|---|---|---|---|---|---|---|---|
| ラ | ラ | ク | 天 | 気 | 候 | グ | 画 | り | 魔 | 自 | グ | グ | レ |
| パ | プ | 疲 | 蚊 | 読 | 陶 | イ | 影 | 山 | ャ | 然 | 喜 | キ | 味 |
| ク | ル | れ | 釣 | プ | イ | 陶 | 読 | ハ | イ | 喜 | 釣 | 書 | ク |
| 影 | エ | た | 影 | ャ | キ | シ | 興 | ゼ | 絵 | エ | み | プ | 魔 |
| ル | ズ | 法 | 興 | み | ー | ク | グ | 物 | ン | 画 | ズ | ズ | 物 |
| イ | シ | パ | 猟 | ゲ | リ | 芸 | 陶 | ク | 絵 | オ | 画 | 動 | 物 |
| 物 | 味 | ゲ | 写 | 撮 | 活 | び | グ | キ | 撮 | リ | リ | シ | リ |
| リ | 写 | 品 | ャ | ン | シ | ダ | 絵 | ャ | 水 | エ | 撮 | パ | 写 |
| ダ | 品 | 猟 | 真 | 読 | ゼ | び | 編 | キ | ャ | ン | プ | 影 | ハ |
| 撮 | シ | ハ | ラ | ズ | 動 | 野 | 生 | ゲ | ム | テ | 興 | 読 | ガ |
| 動 | 物 | 公 | シ | 園 | ゼ | 狩 | 重 | い | ブ | ー | ツ | リ | イ |
| 地 | 図 | 読 | 園 | 物 | 猟 | パ | 読 | 味 | 崖 | シ | 太 | 影 | ド |
| 味 | 石 | ゼ | 編 | パ | ー | 編 | 工 | 影 | 陶 | ョ | 陽 | 準 | 備 |
| 真 | エ | み | ク | ク | 画 | 芸 | ハ | エ | ム | ン | 真 | グ | ラ |

| | |
|---|---|
| キャンプ | オリエンテーション |
| 動物 | 公園 |
| ブーツ | 重い |
| 疲れた | 準備 |
| 気候 | 野生 |
| ガイド | 太陽 |
| 地図 | 天気 |
| 自然 | |

# 50 - Água

モ 味 ラ キ 川 イ ゼ 写 ャ ル 真 絵 洪 水
ン 園 画 リ 物 び 飲 め る ル 園 波 狩 法
ス レ キ 絵 リ プ 霜 写 真 読 魔 品 影 ジ
ー 影 ー 喜 ゼ 芸 ゲ ラ ク ン 味 み 園 グ
ン 間 欠 泉 り 釣 ク 味 ジ 真 園 ャ ル 写
海 キ ズ 動 ラ 写 釣 び 猟 画 ク キ 魔 ム
芸 洋 レ 絵 み イ 興 物 ャ 編 釣 絵 び イ
撮 湖 園 動 猟 園 ハ リ ケ ー ン 雨 み 読
魔 真 陶 プ 園 湿 シ 写 り キ ル ハ 品 画
書 灌 パ 氷 リ 度 リ エ ク ジ ゲ 魔 み 物
ム 漑 陶 釣 編 イ 運 イ ダ ジ 編 雪 真 真
シ ャ ワ ー イ 狩 み 河 エ エ 影 グ 動 絵
蒸 ル 猟 陶 編 リ 猟 プ り ハ ラ 物 活 品
気 発 レ 撮 シ ク エ ル 法 法 び 画 ラ エ

| | |
|---|---|
| 運河 | 灌漑 |
| シャワー | モンスーン |
| 蒸発 | 海洋 |
| ハリケーン | 飲める |
| 間欠泉 | 湿度 |
| 洪水 | 蒸気 |

# 51 - Ecologia

| | | | | | | | | | | | | | |
|---|---|---|---|---|---|---|---|---|---|---|---|---|---|
| 活 | 画 | 動 | 園 | キ | 写 | エ | 喜 | 書 | 魔 | 画 | リ | キ | 法 |
| ゼ | 興 | 品 | 品 | レ | ボ | 釣 | ゲ | フ | ル | ハ | ラ | ク | ム |
| 撮 | 読 | 法 | エ | 芸 | ラ | 魔 | グ | ロ | ー | バ | ル | イ | エ |
| 動 | ダ | ダ | ズ | 山 | ン | ム | ダ | ー | 自 | ハ | 品 | パ | シ |
| マ | リ | ン | 釣 | ン | テ | シ | キ | ラ | 然 | 写 | 狩 | 釣 | 絵 |
| コ | ミ | ュ | ニ | ティ | ー | レ | 動 | 芸 | 植 | 生 | 釣 | ン | 喜 |
| イ | 画 | ク | り | 芸 | ア | 真 | 興 | キ | 味 | ル | 存 | ジ | ル |
| グ | ー | ズ | 園 | ル | 陶 | キ | 種 | 生 | 息 | 地 | 工 | 絵 | プ |
| プ | 写 | 気 | エ | 品 | 読 | 興 | り | ナ | ズ | 芸 | 読 | ラ | リ |
| イ | 絵 | シ | 候 | プ | キ | ン | 影 | シ | チ | レ | 園 | 狩 | 書 |
| マ | ー | シ | ュ | 早 | 魃 | エ | 動 | ラ | パ | ュ | ラ | 写 | 撮 |
| ン | プ | イ | 物 | レ | 釣 | 植 | 物 | 陶 | ラ | パ | ラ | ゼ | ズ |
| リ | ソ | ー | ス | 絵 | 写 | 写 | 相 | 持 | 続 | 可 | 能 | ル | 撮 |
| 多 | 様 | 性 | 芸 | 書 | 工 | 陶 | 影 | ャ | ラ | ハ | 狩 | 釣 | |

| | |
|---|---|
| 気候 | 自然 |
| コミュニティ | マーシュ |
| 多様性 | 植物 |
| 動物相 | リソース |
| フローラ | 旱魃 |
| グローバル | 生存 |
| 生息地 | 持続可能 |
| マリン | 植生 |
| ナチュラル | ボランティア |

# 52 - Família

```
ム 編 味 ゼ 写 シ 品 絵 撮 猟 狩 物 興 キ
お 影 ー エ 猟 ジ 狩 グ ゼ み 喜 ズ 母 編
ク ば 法 ズ 活 び 影 ジ ジャ 影 ャ 性 イ 活
画 り あ 喜 撮 品 陶 読 園 と ゼ 真 エ 釣
祖 写 品 ち 喜 絵 読 園 こ ゼ 画 ク ク ゼ
先 み パ 撮 ゃ 姉 妹 法 喜 ハ 孫 喜 子 絵
釣 影 影 妻 ゲ ん 絵 味 真 画 叔 喜 供 ー
リ ゲ 釣 パ り 魔 クラ 真 画 父 写 画 ジ 園
グ 味 動 甥 グ リ 猟 味 ゲ ダ 方 園 エ レ
子 供 の 頃 撮 リ イ 興 夫 ゼ の 活 エ り
ラ 興 グ ラ グ ゼ 狩 子 動 写 書 猟 狩 姪
品 リ 編 グ 釣 ハ レ 母 供 ー 味 ラ ン み
兄 弟 ダ 法 娘 読 ャ 園 ダ 達 興 ジ 品
```

| | |
|---|---|
| 祖先 | 兄弟 |
| おばあちゃん | 母性 |
| 子供 | 父方の |
| 子供達 | いとこ |
| 子供の頃 | 叔母 |
| 姉妹 | 叔父 |

| | | | | | | | | | | | | | |
|---|---|---|---|---|---|---|---|---|---|---|---|---|---|
| ラ | 法 | ハ | み | 動 | 一 | 喜 | 陶 | 予 | キ | ル | レ | プ | み |
| 動 | み | 画 | ハ | ダ | 狩 | エ | 興 | 約 | ホ | 猟 | 真 | 編 | 絵 |
| ル | 猟 | パ | 画 | 真 | 狩 | 魔 | ハ | パ | び | テ | 行 | き | 先 |
| ハ | ラ | ダ | 芸 | エ | 喜 | 陶 | ビ | タ | ク | ン | ル | 品 | ム |
| 味 | ズ | 園 | 陶 | 読 | キ | 芸 | 一 | 猟 | ク | ト | 喜 | 芸 | 味 |
| 書 | 空 | ル | 休 | 読 | エ | ル | チ | ラ | 猟 | シ | 交 | 通 | 一 |
| 狩 | 港 | ク | 日 | 写 | 真 | シ | 陶 | 写 | 真 | エ | 一 | 山 | ャ |
| 外 | 国 | 人 | 釣 | ハ | 一 | 興 | 編 | 工 | 真 | 島 | 旅 | レ | エ |
| 活 | パ | 地 | 図 | ン | 写 | 喜 | 絵 | 釣 | 工 | ジ | 絵 | ジ | ゲ |
| レ | ス | ト | ラ | ン | 興 | ン | 一 | ク | り | パ | 画 | ャ | 法 |
| 影 | ポ | ハ | 喜 | 陶 | 芸 | ゼ | 芸 | ル | ン | エ | ハ | 一 | び |
| 活 | 一 | ハ | 写 | 真 | 芸 | 喜 | グ | 絵 | 絵 | 芸 | 喜 | 海 | ン |
| キ | ト | 書 | 絵 | 法 | ズ | ン | ゼ | 物 | 法 | パ | 影 | 喜 | 園 |
| 読 | ラ | 写 | 法 | び | エ | 活 | ダ | ズ | り | ン | 園 | ビ | ザ |

| | |
|---|---|
| 空港 | パスポート |
| 行き先 | ビーチ |
| 外国人 | 予約 |
| 休日 | レストラン |
| 写真 | タクシー |
| ホテル | テント |
| レジャー | 交通 |
| 地図 | ビザ |

# 54 - Edifícios

```
ガ 写 興 ハ 撮 ハ ズ プ 読 興 り ジ ア ス
レ レ エ 書 ダ キ 編 イ 陶 び リ エ パ ー
プ ゲ ー タ ワ ー ラ エ み ン 農 場 ー パ
影 画 パ ジ 喜 影 品 パ ズ ー イ ト ー マ
ン 味 釣 イ ズ エ 病 び 活 ゲ 影 陶 ラ ー
イ 読 プ 天 文 台 院 画 絵 納 屋 レ エ ケ
猟 物 ル 大 学 影 ム ダ 絵 編 シ パ 園 ッ
ー 研 キ 読 真 ン ー テ ン ト ネ 法 編 ト
味 グ 究 陶 陶 芸 ホ 学 校 ダ マ ゲ 魔 ル
真 ハ 大 室 博 ス テ 書 絵 編 エ グ 芸 魔
ズ ダ 撮 使 物 タ ル リ ダ 城 工 絵 ゼ ー
ゼ 真 グ シ 館 ジ ゲ み 猟 芸 芸 ゲ 動 喜
イ 絵 狩 真 味 ア グ ジ 芸 劇 場 ル 芸 ジ
真 ズ グ 陶 書 ム レ 釣 ャ 興 芸 編 シ ジ
```

| | |
|---|---|
| アパート | ホテル |
| 納屋 | 研究室 |
| シネマ | 博物館 |
| 大使館 | 天文台 |
| 学校 | スーパーマーケット |
| スタジアム | 劇場 |
| 農場 | テント |
| 工場 | タワー |
| ガレージ | 大学 |
| 病院 | |

# 55 - Praia

| 読 | 猟 | ン | 魔 | 砂 | 釣 | ム | 陶 | ハ | ズ | 釣 | 絵 | ハ | 撮 |
|---|---|---|---|---|---|---|---|---|---|---|---|---|---|
| パ | 釣 | ズ | 写 | ラ | シ | ズ | 読 | レ | 魔 | 狩 | レ | ク | ク |
| 喜 | 島 | 味 | 動 | ラ | 味 | エ | 太 | 陽 | ジ | ズ | ハ | 狩 | ダ |
| 真 | ク | ズ | ド | ル | ー | み | エ | り | プ | エ | び | り | 猟 |
| ラ | 興 | キ | 陶 | ッ | レ | り | ズ | 絵 | 動 | ゲ | ハ | 海 | ー |
| グ | 書 | パ | ー | 芸 | ク | シ | 芸 | ク | 読 | ハ | 興 | シ | 洋 |
| ー | 釣 | 活 | 動 | グ | ン | 釣 | 釣 | ズ | 青 | ボ | び | ク | 品 |
| ン | レ | 猟 | 傘 | 狩 | 動 | 活 | み | 物 | 喜 | ー | 品 | ハ | 物 |
| 味 | ク | 編 | 品 | 活 | ャ | ク | 品 | リ | 書 | ト | ク | グ | 喜 |
| 陶 | 物 | キ | 影 | ハ | 撮 | 興 | ジ | 園 | 写 | グ | 読 | 写 | 海 |
| 品 | 陶 | 狩 | ゲ | 魔 | サ | り | パ | 写 | 味 | キ | 撮 | リ | 読 |
| カ | ニ | グ | ダ | ル | ン | ジ | キ | り | 魔 | ダ | 絵 | ー | 書 |
| 猟 | 味 | び | 園 | 狩 | ダ | リ | ク | 陶 | 釣 | 海 | 岸 | フ | 釣 |
| ゲ | り | ル | タ | オ | ル | ヨ | ッ | ト | パ | 撮 | 魔 | 釣 | 絵 |

ボート　　　　　　　　　リーフ
カニ　　　　　　　　　　サンダル
海岸　　　　　　　　　　太陽
ドック　　　　　　　　　タオル
ラグーン　　　　　　　　ヨット
海洋

# 56 - Ferramentas de Cozinha

| | | | | | | | | | | | | | |
|---|---|---|---|---|---|---|---|---|---|---|---|---|---|
| お | リ | ザ | パ | り | び | 影 | 興 | 一 | 猟 | 喜 | 陶 | 興 | ス |
| プ | ろ | レ | ル | グ | ラ | フ | ォ | ー | ク | 猟 | グ | エ | パ |
| 真 | 狩 | し | シ | 法 | ス | ト | ー | ブ | 芸 | レ | 絵 | 魔 | チ |
| ハ | 芸 | ダ | 金 | 蓋 | プ | 影 | イ | ー | 猟 | ン | 狩 | グ | ュ |
| 法 | ジ | ュ | ー | サ | ー | 釣 | グ | ズ | ラ | ー | レ | 影 | ラ |
| ト | ー | ス | タ | ー | ン | 魔 | 品 | ナ | み | リ | 読 | ブ | 味 |
| み | ム | 画 | ク | エ | 釣 | 絵 | 真 | 芸 | イ | 陶 | ャ | レ | エ |
| 冷 | 蔵 | 庫 | シ | 活 | 写 | 陶 | 絵 | 興 | パ | フ | 写 | ン | パ |
| ク | リ | 読 | 興 | 書 | ャ | ハ | ラ | ケ | 興 | ャ | 興 | ダ | 釣 |
| 写 | ダ | ャ | 法 | 興 | 書 | エ | カ | ト | ラ | リ | ー | ー | レ |
| オ | ー | ブ | ン | 書 | プ | 影 | ル | 喜 | ン | 物 | ャ | 興 | 画 |
| 編 | ャ | ン | エ | 画 | レ | 狩 | び | 興 | 釣 | 品 | 釣 | 影 | プ |
| 温 | 度 | 計 | キ | ジ | 書 | 編 | び | 魔 | 味 | エ | 物 | 絵 | 活 |
| 書 | ル | び | は | さ | み | プ | 写 | び | 編 | ゲ | 興 | ラ | 活 |

| | |
|---|---|
| ケトル | フォーク |
| ザル | 冷蔵庫 |
| スプーン | ブレンダー |
| スパチュラ | おろし金 |
| ジューサー | カトラリー |
| ナイフ | 温度計 |
| ストーブ | はさみ |
| オーブン | トースター |

| | | | | | | | | | | | | | |
|---|---|---|---|---|---|---|---|---|---|---|---|---|---|
| 猟 | 狩 | ク | ズ | パ | エ | 喜 | 編 | 白 | 陶 | 時 | ン | レ | 品 |
| パ | 猟 | 絵 | み | パ | ッ | シ | ブ | い | ハ | 書 | 間 | 狩 | ク |
| ル | ゼ | 猟 | キ | 写 | リ | ル | ゼ | キ | ダ | 対 | 角 | ジ | パ |
| グ | ハ | パ | 戦 | 略 | 法 | 撮 | 一 | 絵 | 物 | 編 | 狩 | り | 影 |
| ト | ー | ナ | メ | ン | ト | 真 | 読 | チ | パ | ダ | 興 | エ | シ |
| ン | リ | ム | 犠 | 牲 | 喜 | 猟 | キ | ャ | ゼ | リ | 芸 | 読 | ゲ |
| び | 猟 | ブ | 書 | 味 | 撮 | リ | コ | ン | テ | ス | ト | イ | 魔 |
| 活 | び | ラ | キ | シ | ル | 猟 | イ | ピ | グ | 写 | 画 | ゲ | び |
| プ | 法 | ッ | 編 | 読 | ゼ | 味 | 書 | オ | 書 | 魔 | 園 | 法 | パ |
| エ | 影 | ク | シ | 真 | ク | ハ | 釣 | ン | ク | ラ | ハ | レ | 猟 |
| 園 | 相 | 手 | エ | ズ | キ | 読 | ム | 影 | り | ポ | ジ | ム | 喜 |
| ル | ゲ | 絵 | プ | レ | ー | ヤ | ー | 釣 | レ | イ | 書 | ゼ | ズ |
| 活 | ー | 学 | ぶ | た | め | に | び | グ | 課 | ン | 園 | ク | 読 |
| 興 | ム | ル | 法 | 女 | 王 | 真 | 狩 | ゲ | 題 | ト | イ | ー | ズ |

学ぶために　　　　　パッシブ
白い　　　　　　　　ポイント
チャンピオン　　　　ブラック
コンテスト　　　　　女王
課題　　　　　　　　ルール
対角　　　　　　　　キング
戦略　　　　　　　　犠牲
プレーヤー　　　　　時間
ゲーム　　　　　　　トーナメント
相手

# 58 - Aventura

```
影 ゼ 編 ダ ダ 画 ナ 狩 み ャ み グ エ
レ 動 ラ み 活 ム ビ 物 影 釣 ゼ 安 全 性
ハ イ 狩 ル 活 ゲ チ ャ ン ス ラ 味 動
シ 品 真 ラ 品 動 ー り 釣 美 し さ み
課 狩 ム 法 ム 園 ン 読 キ 影 ラ ン 読
題 旅 程 猟 喜 編 ョ 味 活 機 陶 遠 喜
行 勇 気 喜 び び ン 珍 編 会 新 足 レ
動 き ゲ キ 狩 魔 ズ し ジ 真 着 び プ
イ 魔 先 魔 動 み ズ い 動 ゼ ハ 陶 影
画 書 猟 エ エ 真 味 真 芸 ャ 友 達 一
キ ズ 芸 熱 意 困 難 狩 撮 キ 法 ハ
ハ ル ハ ン グ リ ゼ ム 書 読 み 準 園
危 険 な 自 み 芸 絵 興 品 シ 備 画
物 り ク 然 写 写 ハ シ 画 ム ク 陶 り 編
```

| | |
|---|---|
| 喜び | 遠足 |
| 友達 | 珍しい |
| 活動 | 旅程 |
| 美しさ | 自然 |
| 勇気 | ナビゲーション |
| チャンス | 新着 |
| 課題 | 機会 |
| 行き先 | 危険な |
| 困難 | 準備 |
| 熱意 | 安全性 |

# 59 - Floresta Tropical

| | | | | | | | | | | | | | |
|---|---|---|---|---|---|---|---|---|---|---|---|---|---|
| 哺 | 乳 | 類 | み | 園 | り | ン | ン | ジ | ム | 苔 | 生 | 園 | ゼ |
| 芸 | 園 | 喜 | シ | 絵 | 撮 | 味 | 種 | ゲ | 絵 | 尊 | 存 | ゼ | ャ |
| 両 | 生 | 類 | ゼ | キ | り | 味 | 撮 | 品 | ャ | 敬 | ゼ | 真 | 味 |
| コ | ミ | ュ | ニ | ティ | 保 | 存 | 釣 | み | 多 | 様 | 性 | ル |
| 園 | 絵 | 真 | 興 | 芸 | ム | 読 | 法 | 編 | 陶 | 工 | 書 | 品 | 画 |
| 園 | 絵 | 真 | シ | レ | 狩 | 書 | 法 | 興 | ン | 喜 | ー | 読 | 編 |
| ム | 法 | 味 | ル | ズ | リ | ル | ゼ | 動 | 動 | 芸 | ゲ | ン | 狩 |
| 興 | 書 | プ | ジ | 物 | 味 | 写 | ー | 活 | グ | 画 | ン | ラ | 真 |
| 気 | 候 | 工 | 法 | 画 | び | 猟 | 園 | り | 読 | 法 | り | キ | グ |
| パ | 園 | 避 | 先 | 住 | 民 | 族 | 法 | 画 | ン | 釣 | ム | 興 | エ |
| 物 | ク | 自 | 難 | 品 | 喜 | ハ | び | 活 | 魔 | グ | 品 | 影 | ク |
| 陶 | び | 然 | ハ | ー | ム | ズ | 写 | 陶 | レ | 釣 | び | 物 | ゲ |
| ジ | ャ | ン | グ | ル | 復 | 植 | 鳥 | 雲 | 絵 | ー | 写 | ゲ | エ |
| ハ | 真 | 興 | 虫 | 物 | 元 | 物 | 貴 | 重 | 魔 | 絵 | 味 | 動 | キ |

両生類　　　　　　　保存
植物　　　　　　　　避難
気候　　　　　　　　尊敬
コミュニティ　　　　復元
多様性　　　　　　　ジャングル
先住民族　　　　　　生存
哺乳類　　　　　　　貴重
自然

# 60 - Cidade

| 喜 | 狩 | グ | 真 | ホ | 動 | 物 | 園 | ゼ | 撮 | パ | 狩 | パ | ス |
|---|---|---|---|---|---|---|---|---|---|---|---|---|---|
| イ | 絵 | ゼ | ベ | テ | 狩 | 味 | ゲン | 撮 | 書 | 興 | ル | ー |   |
| サ | 芸 | パ | ー | ル | 喜 | り | 書 | 編 | レ | 銀 | 大 | 学 | パ |
| ズ | ロ | び | カ | 真 | 空 | 影 | 真 | ハ | ム | 行 | ャ | ン | ー |
| 活 | シ | ン | リ | 動 | ル | 港 | 園 | レ | 影 | ゼ | レ | イ | マ |
| 味 | 読 | ゲ | ー | 動 | 編 | ャ | ラ | 書 | 店 | シ | ス | り | ー |
| 興 | ラ | ギ | ャ | ラ | リ | ー | 花 | 絵 | ラ | パ | ト | 興 | ケ |
| エ | シ | ネ | マ | ゼ | 学 | 校 | 屋 | 薬 | 局 | 法 | ラ | プ | ッ |
| 絵 | リ | ジ | ン | 狩 | シ | ャ | 編 | 読 | ス | 魔 | ン | 味 | ト |
| 物 | ャ | び | 読 | ハ | 法 | グ | び | 釣 | タ | 法 | パ | 味 | プ |
| ル | プ | イ | キ | イ | み | 画 | ハ | ラ | ジ | 絵 | 図 | ゲ | 興 |
| 読 | び | 読 | び | 猟 | み | キ | 劇 | ジ | ア | 喜 | 書 | 書 | 読 |
| 博 | 物 | 館 | ズ | ャ | イ | ズ | 市 | 場 | ム | 書 | 館 | エ | ム |
| 猟 | ズ | 狩 | 味 | ダ | ゲ | び | 活 | プ | ム | リ | プ | 魔 | イ |

| | |
|---|---|
| 空港 | 動物園 |
| 銀行 | 書店 |
| 図書館 | 市場 |
| シネマ | 博物館 |
| 学校 | ベーカリー |
| スタジアム | レストラン |
| 薬局 | サロン |
| 花屋 | スーパーマーケット |
| ギャラリー | 劇場 |
| ホテル | 大学 |

# 61 - Matemática

| | | | | | | | | | | | | |
|---|---|---|---|---|---|---|---|---|---|---|---|---|
| パ | グ | 魔 | リ | グ | 園 | 幾 | 動 | グ | ク | ルャ | 算 | 猟 |
| 法 | ラ | ゼ | ジ | 釣 | 写 | 何 | ラ | 品 | レ | 魔 | 和 | 術 | 法 |
| ボ | リ | ュ | ー | ム | ハ | 学 | 釣 | 園 | グ | レャ | リ | 読 |
| 動 | ー | エ | 味 | ハ | パ | 味 | 動 | 狩 | 撮 | ゲ | ク | 釣 |
| 陶 | 狩 | 釣 | 書 | 品 | ル | イ | ゼ | 対 | 称 | 活 | ル | ダ | ジ |
| シ | 小 | 分 | 絵 | ル | 陶 | 猟 | エ | 動 | ク | 動 | プ | 興 | 猟 |
| ジ | 影 | 数 | 影 | 画 | 編 | 猟 | 釣 | 釣 | 絵 | 陶 | 陶 | ラ | ク |
| 絵 | ルャ | 円 | 周 | 囲 | 興 | キ | ゲ | り | 平 | 垂 | り | 喜 |
| ジ | ズ | 芸 | ゲ | 指 | 釣 | 陶 | 三 | り | ゼ | 行 | 直 | シ | 動 |
| ク | パ | ゲ | イ | 数 | ン | 矩 | 角 | 真 | 興 | 四 | 物 | 半 | 直 |
| ジ | リ | ラ | プ | 多 | 角 | 形 | 形 | み | リ | 辺 | 芸 | び | 径 |
| ゲ | ク | 味 | ゼ | 喜 | 度 | エ | 芸 | び | エ | 形 | リ | 方 | 編 |
| ダ | エ | 陶 | ゼ | 絵 | 読 | ン | ゼ | 芸 | ー | 平 | 行 | 程 | 狩 |
| ク | 撮 | レ | 影 | 写 | ム | パ | 興 | り | ダ | 芸 | 興 | 式 | パ |

| | |
|---|---|
| 算術 | 平行四辺形 |
| 角度 | 周囲 |
| 円周 | 垂直 |
| 小数 | 多角形 |
| 直径 | 半径 |
| 方程式 | 矩形 |
| 指数 | 対称 |
| 分数 | 三角形 |
| 幾何学 | ボリューム |
| 平行 | |

# 62 - Natureza

編 ラ ン 魔 パ 北 極 ン 画 レ り ル パ 喜
喜 絵 一 品 魔 イ 影 イ 興 芸 ン み 絵 釣
動 平 び プ 霧 ズ 芸 み 動 ム 釣 釣 シ シ
ン 和 川 ク 侵 食 氷 興 美 物 猟 ェ 物
影 み 味 興 魔 写 河 穏 し 興 猟 ル ャ
画 園 ル 物 ク み ャ 読 や さ 猟 タ 写
り 撮 イ 重 動 的 サ か キ み ー 狩
撮 リ リ 要 画 編 ン 影 プ 影 写 味 蜂
陶 画 活 ラ 画 野 ク 書 イ 砂 画 イ 動
ラ ジ ン ゼ ズ 生 チ 興 喜 漠 プ ン 動 物
絵 エ 動 影 陶 撮 ュ 画 一 喜 ズ 影 編 エ
ラ ー 動 り 喜 撮 ア ト ロ ピ カ ル 興 法
グ イ 動 び ー パ リ 葉 森 写 絵 り 写
狩 絵 ズ ク 法 グ パ リ 雲 ダ ャ 書 釣 法

| | |
|---|---|
| シェルター | 氷河 |
| 動物 | 平和 |
| 北極 | サンクチュアリ |
| 美しさ | 野生 |
| 砂漠 | 穏やか |
| 動的 | トロピカル |
| 侵食 | 重要 |

| | | | | | | | | | | | | | |
|---|---|---|---|---|---|---|---|---|---|---|---|---|---|
| 物 | 一 | 喜 | み | ゃ | 撮 | 活 | 興 | 狩 | ム | ゲ | 釣 | 画 | 物 |
| ハ | グ | ゲ | び | 園 | 園 | り | 影 | 影 | レ | 花 | 活 | 活 | 狩 |
| 活 | パ | 撮 | 喜 | 喜 | ン | パ | 物 | グ | ゲ | 瓶 | レ | ダ | レ |
| 読 | バ | ッ | グ | バ | ケ | ツ | プ | ャ | 物 | ャ | 影 | ズ | ズ |
| ス | 喜 | プ | 猟 | ス | フ | ォ | ル | ダ | 絵 | グ | 猟 | 喜 | び |
| 物 | 一 | ダ | ポ | ケ | ッ | ト | チ | 編 | キ | り | ゼ | 絵 | 画 |
| 物 | 編 | ツ | パ | ッ | エ | ズ | ュ | ゼ | 陶 | 封 | 筒 | ラ | 撮 |
| レ | 喜 | 興 | ケ | ト | レ | イ | ー | エ | 画 | 品 | 編 | グ | 芸 |
| ジ | ダ | 真 | ッ | ー | り | プ | ブ | み | 法 | バ | レ | ル | 動 |
| 引 | 撮 | ボ | ト | ル | ス | 画 | ン | キ | 芸 | り | 書 | 猟 | ハ |
| 活 | き | み | レ | 活 | ズ | 絵 | 芸 | 真 | ャ | 猟 | ク | ジ | プ |
| ム | 写 | 出 | 釣 | 読 | 写 | 影 | ラ | ハ | 猟 | ゼ | み | パ | グ |
| 容 | 狩 | ル | し | 画 | 狩 | 味 | レ | 真 | り | 品 | ク | 画 | 芸 |
| 影 | 器 | 物 | 物 | 物 | 動 | ン | 画 | イ | 箱 | 魔 | 一 | 園 | 喜 |

バケツ スーツケース
トレイ 容器
バレル パケット
ポケット フォルダ
バスケット バッグ
封筒 チューブ
ボトル 花瓶
引き出し

# 64 - Animais de Estimação

| ャ | ゼ | 活 | 釣 | ハ | ャ | 子 | 犬 | ク | 写 | ト | 釣 | エ | ハ |
| プ | 撮 | ゼ | 書 | 品 | ム | 猫 | 魔 | ー | エ | カ | メ | 書 | グ |
| 書 | 牛 | レ | 書 | 芸 | ャ | ス | エ | ャ | オ | ゲ | 水 | ジ | ム |
| プ | 陶 | ー | り | 活 | 魔 | ね | タ | み | ウ | 活 | ハ | 読 | ジ |
| り | ー | ー | 品 | 興 | 猫 | ず | ハ | ー | ム | 芸 | 写 | ゼ | プ |
| 撮 | ゲ | ム | 物 | 絵 | 興 | み | ン | ル | 品 | 読 | 書 | 尾 | ン |
| リ | ヤ | ャ | 釣 | 喜 | 狩 | ク | 釣 | 法 | ジ | リ | 釣 | ゲ | ラ |
| 物 | ギ | グ | 写 | 絵 | 絵 | 活 | 園 | ジ | シ | 園 | パ | ク | 真 |
| 爪 | ム | 陶 | 狩 | 芸 | 品 | ゼ | 写 | ダ | イ | グ | リ | 魚 | 写 |
| ラ | 品 | 襟 | イ | ー | 編 | び | 動 | キ | 魔 | ン | シ | ハ | 品 |
| み | 読 | う | 編 | 興 | 画 | 写 | 猟 | び | 真 | ジ | 陶 | 品 | 狩 |
| 撮 | り | さ | 獣 | 医 | 魔 | 撮 | 陶 | ゼ | 影 | ラ | 写 | パ | ラ |
| 釣 | 真 | ぎ | 物 | 喜 | リ | プ | グ | 書 | キ | ク | 絵 | プ | エ |
| 真 | 撮 | み | 興 | 書 | シ | レ | 釣 | 陶 | ン | キ | 撮 | 狩 | 読 |

ヤギ　　　　　　　　　　トカゲ
子犬　　　　　　　　　　ねずみ
うさぎ　　　　　　　　　オウム
子猫　　　　　　　　　　カメ
ハムスター　　　　　　　獣医

# 65 - Escalada

シダ写ダダ狭読ムィャ物ィ専活
シみ絵プャパい影ブーツク門味グ
写猟ン地図ガー書魔味み興家グ
ハレズ形ゼリイ写シーャり魔ーみ
興ーャ芸編ーびドジ編ラプ法真
影ジ読ゲグズ読ジゲ動狩園み真
ハパ興画絵ルムク影グ影プエ真
読真狩猟ダ猟エプム洞窟手袋動
ハヘルメットパ強さ猟撮撮エゲ
法イ影ク魔ハ影霧動好奇心課釣
猟影キエ喜パ魔囲み芸画エ題真
ジレクンエン物気高度り興猟ル
品陶魔びグ狩ジゼ芸物ゲプ画エ
ゼ狩釣園釣真興安定性絵喜レ動

| | |
|---|---|
| 高度 | 専門家 |
| 雰囲気 | 安定性 |
| ブーツ | 狭い |
| ハイキング | 強さ |
| ヘルメット | ガイド |
| 洞窟 | 手袋 |
| 好奇心 | 地図 |
| 課題 | 地形 |

# 66 - Aviões

```
り 味 み ズ パ 高 さ 雰 囲 気 エ 絵 品 リ プ
び 影 イ レ 釣 度 ゲ ム 撮 味 味 ン プ ジ 法
物 ン み キ 空 歴 史 活 活 パ 釣 書 燃 料 ン
イ び 膨 パ ら エ ラ み 読 イ 撮 燃 料 シ り
ン 編 猟 ら ま 猟 書 園 グ ロ 猟 狩 シ イ ハ
イ 絵 狩 園 ジ せ 真 ダ 狩 ッ 興 興 ズ ゼ ゼ
釣 釣 園 ラ み 書 狩 リ ク ト 興 物 ゼ イ 魔
法 リ ジ み 芸 喜 る ク 乱 流 物 品 リ 旅 グ
シ 影 園 狩 ハ リ バ ル ー ン 品 水 素 客 活
シ 写 ャ 書 画 芸 狩 ー 絵 空 編 り 絵 び 写
降 ゲ パ イ グ 狩 真 建 空 芸 着 素 陸 ゲ 編
下 り シ ー 法 キ 魔 物 設 動 リ り 真 真 パ
真 み 真 エ 釣 冒 険 レ 真 読 ハ 着 陶 陶 物
物 撮 び 方 向 び 編 リ 真 読 法 み プ み プ
```

| | |
|---|---|
| 高度 | 方向 |
| 高さ | 水素 |
| 空気 | 歴史 |
| 着陸 | 膨らませる |
| 雰囲気 | エンジン |
| 冒険 | 旅客 |
| バルーン | パイロット |
| 燃料 | クルー |
| 建設 | 乱流 |
| 降下 | |

# 67 - Tipos de Cabelo

| シ | ャ | イ | ニ | ー | 物 | グ | レ | 読 | 絵 | 工 | 猟 | 編 | 工 |
|---|---|---|---|---|---|---|---|---|---|---|---|---|---|
| ズ | 読 | ゲ | イ | 興 | シ | カ | レ | 三 | つ | 編 | み | 狩 | 芸 |
| 画 | り | 写 | カ | ー | リ | ー | り | 一 | 写 | 釣 | 園 | ダ | 魔 |
| 工 | 禿 | ゲ | ム | 銀 | 写 | ル | ル | 撮 | プ | 活 | ル | ジ | ハ |
| ブ | ラ | ッ | ク | 法 | シ | ム | 陶 | ム | 茶 | ズ | パ | ラ | 芸 |
| ル | シ | 動 | プ | 興 | 釣 | み | 絵 | び | 色 | 法 | り | ダ | 絵 |
| キ | ゼ | 芸 | 芸 | 興 | ク | 陶 | 品 | ハ | ジ | 法 | 動 | 白 | 編 |
| 狩 | ラ | レ | ラ | ル | 猟 | 狩 | ャ | 撮 | リ | 釣 | 薄 | い | グ |
| ダ | ジ | 品 | 猟 | ダ | シ | り | 品 | ブ | ク | 品 | ム | ゼ | ダ |
| 園 | ズ | び | ラ | 興 | 法 | ハ | ン | ロ | ク | パ | ジ | ャ | ル |
| 喜 | ズ | 影 | レ | り | ャ | ル | 書 | ン | 有 | グ | 園 | ラ | 撮 |
| 品 | 園 | ー | ズ | み | 編 | 組 | グ | ド | 色 | レ | ジ | 撮 | 興 |
| ソ | フ | ト | 短 | 魔 | 法 | 陶 | 元 | 気 | ラ | 釣 | り | 読 | 工 |
| グ | 影 | ジ | 厚 | い | 園 | ー | 狩 | 猟 | イ | イ | ハ | 読 | り |

| | |
|---|---|
| 白い | ブロンド |
| シャイニー | 茶色 |
| カール | ブラック |
| グレー | 元気 |
| 有色 | ドライ |
| 短い | ソフト |
| カーリー | 編組 |
| 薄い | 三つ編み |
| 厚い | |

# 68 - Formas

```
魔 ゲ シ ン ゼ び パ シ プ ラ 品 画 プ 影 ジ
撮 喜 ー び グ 絵 ハ グ リ イ ジ 編 絵 ジ
品 ハ ラ 釣 ン 撮 び 活 ズ ン 興 編 画 絵
ラ パ 芸 エ 動 活 園 芸 ム 真 ダ ア コ ン
キ ハ 画 ャ ゲ ピ ラ ミ ッ ド グ ー ー び
芸 園 レ ラ 真 キ 画 キ 編 真 猟 ク ナ ル
ン 双 曲 線 釣 ダ プ 楕 絵 ズ 狩 味 ー ダ
シ ジ 陶 編 ル ン ム 円 錐 み ジ 活 曲 イ
物 ダ ー 芸 ン 真 シ 形 三 角 形 喜 線 興
陶 味 り リ り 法 び パ 乗 釣 活 シ 読 撮
レ 書 喜 猟 矩 狩 ズ 多 ラ ー 味 リ 真 動
り 読 楕 ラ 形 キ 動 角 ラ 魔 法 側 動 ャ
撮 り 品 円 ダ シ 釣 形 編 グ レ 喜 み パ
魔 イ 園 魔 り 園 パ 陶 法 レ 物 読 活 撮
```

アーク　　　　ライン
コーナー　　　楕円形
シリンダー　　ピラミッド
円錐　　　　　多角形
三乗　　　　　プリズム
曲線　　　　　矩形
楕円　　　　　三角形
双曲線

# 69 - Dias e Meses

| | | | | | | | | | | | | |
|---|---|---|---|---|---|---|---|---|---|---|---|---|
| 読 | 絵 | セ | ャ | ー | 金 | ズ | 絵 | 動 | 絵 | 物 | 活 | 書 | ン |
| 絵 | 猟 | ジ | プ | エ | 曜 | 釣 | ダ | 魔 | 写 | ラ | 年 | ム | パ |
| ム | 興 | 撮 | 物 | テ | 日 | エ | イ | プ | リ | ル | 陶 | 狩 | ゼ |
| グ | 法 | ハ | 書 | り | ン | 陶 | 物 | ハ | ダ | 狩 | キ | ル | 芸 |
| 狩 | 読 | 活 | 猟 | 書 | 読 | バ | 味 | ゼ | 行 | 進 | イ | 絵 | 書 |
| り | 七 | 編 | パ | 真 | ズ | プ | ー | プ | 読 | ダ | 十 | 物 | 撮 |
| 週 | 月 | 釣 | 写 | 影 | エ | 興 | 魔 | ル | 活 | エ | 絵 | 一 | 五 |
| ャ | 品 | ハ | 猟 | 猟 | り | 絵 | グ | ラ | ゼ | パ | 真 | 六 | 月 |
| 興 | ジ | 土 | 影 | り | ズ | 物 | 火 | プ | ー | 芸 | 絵 | ジ | 画 |
| 八 | 月 | 曜 | 日 | 曜 | 日 | カ | 曜 | 魔 | ゲ | 画 | 真 | イ | 読 |
| 陶 | ハ | 日 | 味 | グ | シ | レ | 日 | ゲ | 狩 | グ | 園 | び | 狩 |
| 法 | 釣 | 物 | リ | り | ダ | ン | 芸 | ハ | エ | 影 | 水 | ゲ | 二 |
| 書 | パ | 編 | イ | ジ | 写 | ダ | ズ | 芸 | ジ | リ | パ | 曜 | 月 |
| キ | ル | 狩 | 興 | シ | 園 | ー | 猟 | ズ | レ | エ | 木 | 曜 | 日 |

| | |
|---|---|
| エイプリル | 十一月 |
| 八月 | 水曜日 |
| カレンダー | 木曜日 |
| 日曜日 | 土曜日 |
| 二月 | 月曜日 |
| 七月 | セプテンバー |
| 六月 | 金曜日 |
| 五月 | 火曜日 |
| 行進 | |

# 70 - Geografia

| 魔 | ゼ | ラ | 法 | グ | 北 | 子 | ル | 地 | 図 | 芸 | 園 | 影 | 撮 |
|---|---|---|---|---|---|---|---|---|---|---|---|---|---|
| ダ | キ | シ | 品 | パ | 編 | 法 | 午 | 域 | ゲ | ダ | 真 | 物 | ジ |
| イ | 釣 | 芸 | び | み | 陶 | 品 | 緯 | 線 | リ | 狩 | 絵 | 南 | 狩 |
| ハ | み | シ | 芸 | 編 | ル | リ | 度 | リ | プ | 読 | ー | 読 | 興 |
| り | 絵 | 喜 | 園 | 味 | ク | 川 | 猟 | 動 | ジ | 活 | 物 | 絵 | 味 |
| 狩 | ゲ | 動 | 品 | ズ | ゲ | み | 魔 | ズ | 法 | ジ | ム | 陶 | 猟 |
| り | 喜 | 狩 | 真 | ン | 海 | 園 | 画 | 編 | ル | ー | び | イ | 猟 |
| ダ | ハ | 喜 | 大 | 陸 | 洋 | 領 | 画 | 島 | 西 | 興 | 活 | イ | ム |
| ジ | 書 | リ | キ | 動 | ー | ズ | 域 | 狩 | 活 | 品 | 活 | ム | 編 |
| 芸 | グ | 芸 | 釣 | 猟 | り | 高 | 度 | 海 | び | リ | 狩 | 写 | 園 |
| イ | 半 | 球 | ズ | ー | ダ | ャ | プ | リ | ル | ア | プ | 動 | 国 |
| 写 | 読 | 編 | 画 | ャ | キ | パ | ン | ル | 世 | ト | 陶 | 喜 | ャ |
| ラ | キ | 芸 | 山 | 魔 | 釣 | ダ | 品 | ダ | 界 | ラ | 味 | 芸 | 品 |
| 市 | み | 魔 | エ | ゼ | 法 | 園 | 書 | 釣 | 芸 | ス | グ | 興 | 猟 |

| | |
|---|---|
| 高度 | 子午線 |
| アトラス | 世界 |
| 大陸 | 海洋 |
| 半球 | 領域 |
| 緯度 | 地域 |
| 地図 | |

# 71 - Antártica

| 狩 | 大 | 喜 | ム | り | 物 | ャ | 影 | 撮 | り | エ | 半 | 島 | キ |
|---|---|---|---|---|---|---|---|---|---|---|---|---|---|
| 狩 | 陸 | 編 | み | ダ | 法 | 陶 | 味 | パ | パ | ハ | ラ | 動 | ズ |
| 陶 | 活 | 絵 | 氷 | ロ | ッ | キ | ー | 絵 | エ | 読 | 喜 | 陶 | 陶 |
| 研 | 工 | 動 | シ | 撮 | 物 | プ | 書 | 興 | り | 興 | ゲ | 法 | ゲ |
| 魔 | 究 | り | プ | 画 | ペ | ン | ギ | ン | レ | キ | 画 | 写 | 活 |
| 水 | 興 | 者 | 影 | 編 | 芸 | み | 環 | イ | プ | レ | イ | ハ | リ |
| ゲ | ム | 味 | ク | 読 | レ | 園 | 境 | リ | ー | プ | 猟 | 写 | 品 |
| パ | 園 | ム | み | 味 | り | 地 | 形 | 真 | 猟 | イ | 芸 | 物 | 興 |
| ミ | ネ | ラ | ル | シ | イ | 入 | 科 | 学 | 的 | 温 | 度 | レ | 興 |
| 園 | 真 | キ | リ | 真 | 活 | り | グ | び | 保 | 全 | 陶 | 喜 | 活 |
| 画 | 撮 | 園 | 書 | 活 | キ | 江 | 遠 | 征 | 移 | ゲ | ゲ | エ | ャ |
| 物 | 氷 | ャ | 陶 | 絵 | 猟 | 読 | ダ | ラ | 行 | 味 | 絵 | 芸 | び |
| 狩 | ラ | 河 | 園 | イ | 喜 | 興 | パ | 地 | プ | み | ハ | 真 | 釣 |
| 動 | 写 | キ | シ | み | イ | 書 | ン | 理 | ハ | イ | ベ | イ | び |

| | |
|---|---|
| 環境 | 研究者 |
| ベイ | 移行 |
| 科学的 | ミネラル |
| 保全 | 半島 |
| 大陸 | ペンギン |
| 入り江 | ロッキー |
| 遠征 | 温度 |
| 氷河 | 地形 |
| 地理 | |

# 72 - Flores

| ン | み | リ | 読 | 画 | プ | 芸 | 画 | ム | ゼ | 味 | 影 | 花 | 活 |
|---|---|---|---|---|---|---|---|---|---|---|---|---|---|
| エ | グ | ク | プ | ル | メ | リ | ア | 蘭 | 花 | 束 | 書 | 弁 | 園 |
| ゲ | 画 | 画 | ロ | チ | ュ | ー | リ | ッ | プ | プ | 法 | 写 | ー |
| ー | 読 | 法 | ン | ー | 画 | グ | ゼ | 編 | 園 | 興 | 写 | び | ダ |
| ジ | 絵 | パ | パ | 動 | バ | 絵 | 写 | 陶 | ジ | ラ | ャ | 狩 | キ |
| 陶 | エ | ラ | ャ | 猟 | り | ー | 狩 | ズ | レ | み | び | 猟 | ャ |
| 活 | ン | ベ | マ | グ | ノ | リ | ア | ゼ | ゼ | ハ | 編 | 興 | 狩 |
| 百 | タ | ン | ポ | ポ | 画 | 喜 | 法 | ズ | ル | ン | ゼ | ゼ | ダ |
| 真 | 合 | ダ | ピ | ラ | レ | 法 | 法 | 陶 | パ | 猟 | リ | 品 | グ |
| ク | 魔 | ー | ー | キ | ジ | ク | ル | 園 | 影 | 活 | 物 | 写 | 陶 |
| ラ | イ | ラ | ッ | ク | ャ | ダ | チ | 牡 | 丹 | イ | ジ | ゼ | デ |
| ム | ー | ハ | イ | ビ | ス | カ | ス | ナ | 編 | ダ | ジ | 品 | イ |
| 狩 | ズ | 園 | び | ズ | ミ | 読 | イ | 園 | シ | ク | 芸 | み | ジ |
| 猟 | ー | ダ | 興 | キ | ン | 撮 | 影 | 猟 | ひ | ま | わ | り | ー |

| | |
|---|---|
| 花束 | マグノリア |
| タンポポ | デイジー |
| クチナシ | ポピー |
| ひまわり | 牡丹 |
| ハイビスカス | 花弁 |
| ジャスミン | プルメリア |
| ラベンダー | クローバー |
| ライラック | チューリップ |
| 百合 | |

# 73 - Fazenda #1

```
フ 影 り プ 動 ク 陶 魔 絵 ム 釣 園 写 喜
絵 ィ ヤ ギ キ フ 群 ヘ イ チ キ ン 品 狩
ゼ り ー 魔 喜 フ ェ れ 豚 動 魔 ジ 肥 料
シ 絵 味 ル プ ン 動 活 ー 書 ズ 影 ー ゼ
書 読 釣 品 ド ス レ ハ ゼ パ 写 り ン 馬
画 書 パ 喜 ム み カ ラ ス ゼ 釣 興 イ み
真 興 プ 物 ー 釣 キ 喜 リ 読 写 品 み ン
動 狩 蜂 蜜 農 猫 品 ダ 魔 法 影 編 興 ム
イ イ 陶 工 業 物 み り 影 ャ 味 興 ロ エ
米 び ャ 動 シ 陶 ラ 動 影 ハ 園 味 バ 撮
撮 ふ く ら は ぎ リ ム 喜 水 絵 ズ ム 品
プ 写 芸 品 ン 味 シ 魔 陶 法 画 ャ 絵 シ
園 犬 エ ク 興 画 真 撮 ク 動 書 影 リ び
魔 牛 ラ ゼ ハ 絵 パ ク 画 ム ル キ キ 猟
```

| | |
|---|---|
| 農業 | カラス |
| ふくらはぎ | ヘイ |
| ロバ | 肥料 |
| ヤギ | チキン |
| フィールド | 蜂蜜 |
| フェンス | 群れ |

# 74 - Livros

```
ー キ ー ク 陶 編 り レ び ャ エ レ ダ 悲
レ 動 ャ コ レ ク シ ョ ン 関 連 す る 劇
グ ゼ ズ ラ 喜 喜 法 法 ジ 編 絵 リ ン 的
真 狩 味 ゼ ク 書 法 画 イ 品 ジ ハ ク プ
魔 法 ナ レ ー タ ー 発 ム 画 ル 動 ー 魔
絵 ゼ ゲ ダ 文 学 ー 明 パ 品 釣 味 撮 び
ゲ 品 言 書 か れ た イ 物 陶 り ン グ ラ
み 芸 葉 パ 法 レ 読 絵 読 著 ペ ー ジ 冒
エ 活 り リ 絵 エ 魔 ジ 猟 者 キ ニ 狩 険
エ 喜 ン 狩 イ ピ 書 猟 び ン 喜 写 重 キ
編 キ ジ シ ジ ッ ン 喜 猟 パ ム 撮 ー 性
エ 動 釣 リ ダ ク び 陶 画 レ 小 説 詩 ラ
味 ス ト ー リ ー 画 プ リ エ 味 プ グ ム
ズ 味 ン ズ 歴 史 的 ラ プ 味 シ ー キ み
```

著者　　　　　　　　文学
冒険　　　　　　　　ナレーター
コレクション　　　　言葉
二重性　　　　　　　ページ
書かれた　　　　　　キャラクター
エピック　　　　　　関連する
ストーリー　　　　　小説
歴史的　　　　　　　シリーズ
発明　　　　　　　　悲劇的
読者

# 75 - Chocolate

| エ | 職 | 品 | ム | 園 | 興 | ピ | ー | ナ | ッ | ツ | ズ | お | 撮 |
|---|---|---|---|---|---|---|---|---|---|---|---|---|---|
| 魔 | キ | 人 | 美 | 味 | し | い | ハ | カ | 香 | り | パ | 気 | 味 |
| グ | 影 | ゾ | エ | ク | ゲ | び | 砂 | ロ | ダ | パ | ク | に | ル |
| 猟 | 魔 | 動 | チ | 魔 | 物 | び | 糖 | リ | 芸 | 絵 | 画 | 入 | 物 |
| レ | シ | ピ | 喜 | ッ | 園 | キ | 絵 | ー | 成 | 分 | エ | り | 釣 |
| カ | ラ | メ | ル | 品 | ク | 酸 | 化 | 防 | 止 | 剤 | 粉 | 読 | ャ |
| リ | 編 | ダ | 法 | 猟 | ー | ゲ | グ | リ | 動 | ハ | 真 | ラ | 書 |
| 興 | 活 | レ | ー | コ | 影 | リ | 動 | カ | カ | オ | ジ | ラ | 真 |
| 釣 | 品 | 質 | 写 | コ | ル | 真 | 味 | び | 動 | 魔 | ー | 影 | キ |
| ム | グ | ゼ | 物 | ナ | 釣 | シ | 物 | ダ | 魔 | り | ズ | ズ | 猟 |
| レ | 絵 | レ | 苦 | ッ | ラ | 狩 | ク | 動 | ー | 物 | 興 | 園 | 撮 |
| 猟 | レ | 甘 | い | ッ | 撮 | 陶 | 活 | 喜 | ハ | 品 | ル | プ | 撮 |
| ジ | 影 | 興 | 画 | 猟 | 園 | ー | 狩 | 狩 | ル | イ | 芸 | パ | ダ |
| ャ | 品 | ム | 真 | 真 | び | 影 | ジ | パ | 味 | パ | 法 | パ | ン |

| | |
|---|---|
| 砂糖 | ココナッツ |
| 苦い | 美味しい |
| ピーナッツ | 甘い |
| 酸化防止剤 | エキゾチック |
| 香り | お気に入り |
| 職人 | 成分 |
| カカオ | 品質 |
| カロリー | レシピ |
| カラメル | |

# 76 - Profissões #2

| り | 興 | 庭 | 編 | 狩 | 動 | 狩 | ー | 宇 | 宙 | 飛 | 行 | 士 | 画 |
|---|---|---|---|---|---|---|---|---|---|---|---|---|---|
| 先 | イ | 師 | クャ | 物 | 編 | ハ | 撮 | パ | り | プ | 農 | 家 |
| 生 | 陶 | 撮 | ク | り | 学 | 画 | 写 | ク | イ | ル | 陶 | 品 | 影 |
| ジ | 物 | り | ク | 影 | 者 | 書 | 撮 | ゼ | ロ | び | 猟 | 読 | 品 |
| ャ | 写 | 学 | キ | エ | リ | 写 | ゲ | ム | ッ | パ | ゼ | 絵 | パ |
| ー | 真 | 撮 | 者 | 歯 | ン | イ | ラ | ス | ト | レ | ー | タ | ー |
| ナ | 家 | 外 | 科 | 医 | 哲 | ジ | 物 | グ | 狩 | ダ | ダ | リ | グ |
| リ | 真 | プ | ゲ | 者 | 学 | 狩 | ニ | ー | 医 | ゲ | 画 | 芸 | 園 |
| ス | 絵 | キ | 研 | 究 | 者 | ゲ | 編 | ア | 師 | ジ | 釣 | ハ | リ |
| ト | ン | び | 釣 | ク | ー | 読 | ク | 品 | ゲ | 猟 | 品 | キ | 編 |
| 物 | 写 | パ | 真 | ャ | ー | 物 | 撮 | 写 | ジ | 活 | 言 | 司 | エ |
| 発 | 明 | 者 | ゼ | エ | リ | ム | り | 陶 | 釣 | ズ | 語 | 味 | 書 |
| プ | ハ | 絵 | 釣 | ハ | シ | ー | シ | 動 | ル | 興 | 学 | プ | ズ |
| ン | ム | 興 | 喜 | 編 | リ | ズ | エ | ハ | ダ | グ | 者 | び | ー |

| | |
|---|---|
| 農家 | 発明者 |
| 宇宙飛行士 | 研究者 |
| 司書 | 庭師 |
| 生物学者 | ジャーナリスト |
| 外科医 | 言語学者 |
| 歯医者 | 医師 |
| エンジニア | パイロット |
| 哲学者 | 画家 |
| 写真家 | 先生 |
| イラストレーター | 動物学者 |

# 77 - Fazenda #2

| | | | | | | | | | | | | | |
|---|---|---|---|---|---|---|---|---|---|---|---|---|---|
| 牧 | 草 | 地 | 灌 | 味 | 喜 | 動 | ミ | 読 | 一 | 編 | 小 | 読 | 真 |
| 書 | 興 | 編 | 漑 | 動 | ト | 絵 | ル | 絵 | 撮 | 魔 | 麦 | ジ | 活 |
| 喜 | グ | 釣 | パ | 物 | レ | ラ | ク | 興 | 品 | 法 | 農 | 家 | パ |
| プ | ジ | シ | リ | ク | 陶 | マ | ク | 撮 | 納 | ガ | シ | パ | ン |
| コ | オ | 法 | 狩 | ゼ | 園 | エ | リ | タ | 屋 | ル | チ | 羊 | び |
| ラ | ー | ア | ヒ | ル | 写 | ラ | フ | ル | ー | ツ | 子 | ョ | 物 |
| ダ | チ | ン | 羊 | 物 | 蜂 | の | 巣 | 味 | 影 | パ | 羊 | ゲ | 園 |
| ゲ | ャ | 書 | 飼 | ゲ | パ | グ | 味 | イ | り | 味 | ク | 編 | 写 |
| リ | ー | 野 | い | 狩 | 書 | み | ク | 物 | び | 読 | プ | 書 | リ |
| 絵 | ド | 菜 | グ | ラ | ル | み | 園 | 絵 | 狩 | 品 | り | 狩 | 法 |
| 書 | 影 | び | 品 | 味 | ク | ル | イ | 書 | り | 物 | 影 | 編 | レ |
| 画 | オ | オ | ム | ギ | ジ | リ | ク | ラ | ダ | ハ | 品 | 法 | 園 |
| ゲ | 魔 | ル | リ | パ | み | ゲ | ャ | 味 | 編 | ゼ | 影 | 工 | シ |
| ゲ | リ | シ | 興 | び | ム | 写 | エ | ム | 読 | 画 | ャ | 味 | シ |

農家
動物
納屋
オオムギ
蜂の巣
子羊
フルーツ
ガチョウ
灌漑
ミルク

ラマ
コーン
羊飼い
アヒル
オーチャード
牧草地
トラクター
小麦
野菜

# 78 - Jardim

| | | | | | | | | | | | | | |
|---|---|---|---|---|---|---|---|---|---|---|---|---|---|
| ホ | ー | ゲ | ル | 写 | 真 | み | イ | シ | グ | 写 | ハ | 喜 | 法 |
| ー | み | 法 | 品 | み | 芝 | ダ | ル | ャ | ル | 読 | び | キ | 釣 |
| ス | ン | 園 | 狩 | グ | ラ | 生 | 花 | ベ | キ | ム | 編 | 木 | 釣 |
| レ | エ | グ | 狩 | ャ | 写 | 読 | テ | ル | 品 | ジ | び | 狩 | プ |
| 影 | 編 | 編 | 画 | リ | ダ | 味 | ラ | 編 | 品 | ル | シ | ブ | 池 |
| 編 | 釣 | 喜 | ゲ | り | 釣 | 猟 | ス | 品 | ー | 読 | 味 | ッ | ャ |
| 雑 | 草 | ム | 園 | 撮 | 猟 | 編 | ク | 画 | 釣 | ャ | 園 | シ | リ |
| ゲ | ル | フ | 書 | レ | 活 | ズ | ル | ゼ | ャ | 真 | リ | ュ | 撮 |
| 芸 | り | 園 | ェ | ハ | レ | 書 | 陶 | ポ | 魔 | プ | シ | グ | 狩 |
| 芸 | り | エ | ベ | ン | チ | ガ | レ | ー | ジ | 土 | 影 | ゼ | み |
| 編 | レ | 芸 | 芸 | モ | ス | 熊 | ー | チ | 猟 | 狩 | 園 | 写 | 狩 |
| ム | 猟 | 書 | イ | ッ | ー | 手 | 狩 | 法 | レ | 芸 | 陶 | ハ | 影 |
| 陶 | 猟 | 釣 | 写 | ク | ト | ラ | ン | ポ | リ | ン | 庭 | ャ | イ |
| 撮 | オ | ー | チ | ャ | ー | ド | り | ズ | ン | 読 | 狩 | 物 | 陶 |

熊手　　　ハンモック
ブッシュ　　ホース
ベンチ　　シャベル
フェンス　　オーチャード
雑草　　テラス
ガレージ　　トランポリン
芝生　　ポーチ

# 79 - Oceano

| ル | レ | キ | 魔 | 芸 | 物 | ャ | 喜 | ン | 喜 | 釣 | ン | 法 | 真 |
|---|---|---|---|---|---|---|---|---|---|---|---|---|---|
| ー | グ | り | 芸 | 味 | 喜 | カ | 写 | ー | ハ | 書 | 釣 | 味 | び |
| 嵐 | ズ | 猟 | レ | 画 | 釣 | ニ | 釣 | シ | ハ | ス | ポ | ン | ジ |
| 狩 | 活 | 撮 | う | み | 動 | エ | ゲ | び | 真 | 喜 | 写 | イ | ジ |
| 影 | 興 | パ | な | 物 | 書 | 撮 | 編 | エ | 陶 | ム | 法 | 撮 | み |
| ダ | ゲ | 味 | ぎ | ン | ゼ | カ | パ | イ | た | ゲ | 読 | シ | 品 |
| ジ | ボ | 興 | 魔 | 潮 | ハ | メ | 編 | 画 | プ | こ | 物 | ン | 園 |
| ン | ー | 塩 | ゼ | 汐 | 撮 | 陶 | ラ | ム | 味 | ル | グ | 読 | 釣 |
| 読 | ト | り | ラ | 活 | ゲ | 魔 | び | 読 | ゼ | 釣 | 読 | シ | 鯨 |
| ラ | ク | 魚 | ズ | 釣 | ー | 活 | 興 | 活 | リ | 喜 | 鮫 | 物 | ム |
| み | カ | ラ | 陶 | ゲ | 影 | ク | 猟 | ー | リ | 猟 | 魔 | キ | ゲ |
| 波 | キ | イ | ゲ | 芸 | 写 | エ | 画 | 園 | フ | エ | ダ | ン | ン |
| コ | ー | ラ | ル | 画 | ン | リ | 品 | 影 | 猟 | ビ | エ | ン | 絵 |
| 芸 | ル | 影 | ル | カ | ツ | ナ | ジ | ゲ | 影 | び | 画 | 物 | 絵 |

| | |
|---|---|
| ツナ | イルカ |
| ボート | 潮汐 |
| エビ | クラゲ |
| カニ | カキ |
| コーラル | たこ |
| うなぎ | リーフ |
| スポンジ | カメ |

# 80 - Profissões #1

| ン | び | 音 | ャ | 銀 | ャ | ダ | ダ | 配 | シ | ム | 心 | 踊 | 大 |
|---|---|---|---|---|---|---|---|---|---|---|---|---|---|
| 宝 | 石 | 商 | 楽 | 行 | 看 | 護 | 婦 | パ | 管 | グ | 理 | り | 使 |
| 味 | 興 | 喜 | セ | 家 | 影 | パ | ラ | び | 影 | エ | 学 | 子 | 真 |
| 活 | ク | 釣 | ー | り | 天 | 興 | 釣 | 地 | 質 | 学 | 者 | ラ | ズ |
| 画 | 撮 | 園 | ラ | リ | 文 | レ | 消 | ダ | 真 | ハ | ン | タ | ー |
| ャ | 狩 | パ | ー | 科 | 学 | 者 | 防 | 味 | 狩 | 釣 | ン | 魔 | 釣 |
| レ | 地 | 図 | 製 | 作 | 者 | 弁 | 士 | 陶 | 陶 | 撮 | 撮 | ハ | ー |
| ア | ー | ティ | ス | ト | 護 | リ | 法 | キ | 真 | グ | パ | 味 | |
| 編 | ジ | 喜 | 釣 | ム | み | 士 | 魔 | 狩 | ピ | ー | 書 | グ | キ |
| 画 | 集 | 園 | 陶 | ゲ | ゲ | 狩 | 書 | ム | ア | 活 | 写 | ー | 芸 |
| 品 | プ | 者 | 釣 | ハ | 猟 | り | み | 味 | ニ | 獣 | 興 | グ | リ |
| シ | 写 | エ | リ | み | 活 | ズ | グ | シ | ス | 医 | ル | 写 | キ |
| 動 | ダ | 魔 | ゲ | 魔 | び | 読 | パ | び | ト | グ | 法 | ャ | グ |
| グ | ダ | ク | 動 | 園 | 撮 | 物 | 狩 | 狩 | 読 | ジ | 芸 | 味 | 園 |

弁護士　　　　　　　　大使
アーティスト　　　　　配管工
天文学者　　　　　　　看護婦
銀行家　　　　　　　　地質学者
消防士　　　　　　　　宝石商
ハンター　　　　　　　セーラー
地図製作者　　　　　　音楽家
科学者　　　　　　　　ピアニスト
踊り子　　　　　　　　心理学者
編集者　　　　　　　　獣医

# 81 - Castelos

| | | | | | | | | | | | | | |
|---|---|---|---|---|---|---|---|---|---|---|---|---|---|
| ク | 狩 | プ | り | 真 | リ | 芸 | り | ジ | み | シ | 撮 | ズ | び |
| ラ | シ | イ | 読 | 騎 | ラ | 陶 | 喜 | ル | ハ | ゼ | ズ | イ | り |
| ウ | 絵 | ル | 法 | ゼ | 士 | 書 | 興 | り | 釣 | 王 | 女 | 王 | 朝 |
| ン | 味 | ゼ | ク | 活 | 馬 | 宮 | 殿 | 剣 | ラ | 撮 | 画 | 国 | 画 |
| 影 | レ | ャ | 品 | プ | 品 | 芸 | 活 | パ | ジ | 品 | 書 | レ | シ |
| 猟 | 釣 | 読 | 狩 | 釣 | 王 | り | 絵 | ジ | 魔 | 影 | 狩 | 物 | 封 |
| ユ | ニ | コ | ー | ン | 子 | ゲ | グ | 猟 | ル | 活 | ハ | ン | 建 |
| 品 | 魔 | ハ | 影 | ダ | エ | 猟 | 写 | 魔 | 芸 | ゲ | り | ハ | 画 |
| グ | 編 | 画 | プ | 味 | 興 | ハ | 要 | 動 | エ | ク | ノ | ゲ | 撮 |
| ド | ラ | ゴ | ン | み | 読 | 書 | み | 塞 | 鎧 | タ | ー | ク | レ |
| 喜 | び | ハ | 魔 | キ | 編 | 絵 | 釣 | び | レ | ワ | ブ | 動 | 帝 |
| 狩 | ゲ | 猟 | 動 | 読 | キ | 真 | 喜 | 撮 | シ | ー | ル | ド | 国 |
| 味 | 書 | 写 | 芸 | 猟 | 狩 | 猟 | 興 | 法 | 物 | び | ン | 品 | 真 |
| 味 | ジ | り | 法 | 興 | エ | 猟 | 壁 | カ | タ | パ | ル | ト | シ |

| | |
|---|---|
| カタパルト | 帝国 |
| 騎士 | ノーブル |
| クラウン | 宮殿 |
| 王朝 | 王女 |
| ドラゴン | 王子 |
| シールド | 王国 |
| 封建 | タワー |
| 要塞 | ユニコーン |

| | | | | | | | | | | | | |
|---|---|---|---|---|---|---|---|---|---|---|---|---|
| 科 | ハ | 文 | ン | 喜 | 編 | キ | 消 | パ | は | さ | み | 書 | 教 |
| グ | 学 | 法 | 法 | 活 | バ | ー | 耗 | 編 | 興 | 物 | イ | 喜 | 育 |
| ム | 法 | ラ | 釣 | 影 | ッ | 撮 | 品 | り | 物 | ク | 絵 | 法 | 狩 |
| 魔 | パ | り | 活 | 品 | ク | 活 | 撮 | 編 | グ | 編 | ン | パ | 味 |
| パ | 絵 | び | 動 | 画 | パ | 猟 | パ | 影 | 影 | 影 | イ | 影 | 影 |
| 影 | 法 | び | ダ | 物 | ッ | 園 | 品 | 興 | 魔 | 辞 | 書 | び | 真 |
| ー | ー | 猟 | パ | 書 | ク | み | 紙 | パ | 物 | プ | 影 | ラ | ャ |
| 味 | み | 友 | 鉛 | ア | カ | デ | ミ | ッ | ク | 釣 | 読 | 品 | び |
| 絵 | ズ | 達 | 筆 | ャ | ル | レ | シ | 先 | イ | シ | 図 | 書 | 館 |
| コ | ン | ピ | ュ | ー | タ | ン | ン | 生 | 写 | 動 | ク | 写 | 法 |
| ゲ | 動 | ダ | ズ | ャ | 写 | ム | 活 | ダ | 活 | 数 | 学 | ル | ダ |
| ー | 書 | 籍 | リ | ル | 絵 | ゼ | パ | 物 | ー | り | 絵 | 釣 | 品 |
| ム | 園 | パ | 影 | 撮 | ズ | ン | 書 | ダ | 真 | 品 | 味 | ル | ズ |
| 興 | 撮 | 文 | 学 | 撮 | ダ | イ | ズ | 書 | 品 | 喜 | び | 魔 | 陶 |

| | |
|---|---|
| アカデミック | 鉛筆 |
| 友達 | 読書 |
| 図書館 | 文学 |
| カレンダー | 書籍 |
| 科学 | 数学 |
| コンピュータ | バックパック |
| 辞書 | 先生 |
| 教育 | 消耗品 |
| 文法 | はさみ |
| ゲーム | |

# 83 - Abelhas

| | | | | | | | | | | | | | |
|---|---|---|---|---|---|---|---|---|---|---|---|---|---|
| 生 | 息 | 地 | ハ | ャ | 法 | 陶 | 書 | ラ | ジ | ジ | 芸 | プ | 植 |
| び | 真 | ム | 興 | 釣 | 絵 | ラ | 真 | 真 | シ | 真 | 絵 | 庭 | 物 |
| ン | ン | ハ | 猟 | 多 | ル | 生 | 態 | 系 | 芸 | 真 | 釣 | 法 | 魔 |
| 書 | 法 | ゼ | ハ | 様 | イ | プ | 動 | 写 | 翼 | 法 | 釣 | 写 | ジ |
| 群 | れ | ジ | び | 性 | リ | ク | 真 | 絵 | 法 | 味 | ズ | 園 | 魔 |
| 真 | ク | 物 | 真 | 狩 | ャ | 狩 | 絵 | ル | 花 | 興 | 品 | び | 真 |
| 味 | 読 | グ | ズ | 画 | 活 | レ | 狩 | ラ | 味 | 粉 | 興 | ジ | 編 |
| 読 | イ | ャ | 法 | 陶 | 昆 | 喜 | み | 活 | 狩 | ズ | 有 | 園 | 園 |
| ジ | 蜂 | 魔 | 品 | イ | 虫 | ズ | 太 | グ | ハ | 活 | 益 | 品 | 品 |
| 興 | ズ | 蜜 | 花 | イ | び | パ | 陽 | プ | 影 | 猟 | ャ | 陶 | 陶 |
| 書 | エ | 動 | び | フ | シ | ー | イ | 喜 | シ | 猟 | 煙 | 巣 | 巣 |
| ハ | 猟 | ン | 園 | ル | ハ | 動 | プ | 真 | ジ | ゲ | イ | 箱 | 箱 |
| レ | 法 | パ | ゲ | ー | ラ | 影 | ハ | ン | ジ | 喜 | シ | 画 | 女 |
| 猟 | エ | 魔 | ジ | ツ | 影 | ゼ | ワ | ッ | ク | ス | 撮 | 興 | 王 |

| | |
|---|---|
| 有益 | 生息地 |
| ワックス | 昆虫 |
| 巣箱 | 蜂蜜 |
| 多様性 | 植物 |
| 生態系 | 花粉 |
| 群れ | 女王 |
| フルーツ | 太陽 |

# 84 - Banheiro

```
猟 ン 絵 法 読 釣 釣 み 石 鹸 活 ン エ イ
法 物 キ 撮 ン 喜 レ イ 品 キ ル キ ル 法
ス 編 ラ ズ ハ 物 品 真 撮 シ ト り ゲ ャ
鏡 ポ 蛇 ロ み 画 興 ハ 園 猟 ズ イ 浴 味
読 ズ ン み り パ り び 興 イ 水 レ シ
魔 影 シ ジ 影 ー 画 ジ ゼ 画 読 ゲ 影
狩 シ ャ ワ ー 動 グ 書 ラ 喜 絵 泡 ハ 品
ム 影 タ 絵 ハ リ ン 真 読 リ 釣 パ ャ 写
り り ロ オ リ 陶 写 喜 リ ル パ ゼ 編 喜
ラ グ ー 興 ル 釣 物 ハ 画 撮 ズ イ イ
興 ン シ ャ ン プ ー リ 影 味 び ン 撮 魔
興 写 ョ 撮 真 ク ク は パ ン 読 猟 ゲ み
香 水 ン 影 陶 魔 狩 さ パ エ 味 ャ レ ャ
ダ 釣 読 び パ 品 ラ み 釣 陶 蒸 気 喜 ン
```

| | |
|---|---|
| トイレ | ラグ |
| シャワー | はさみ |
| スポンジ | タオル |
| ローション | 蛇口 |
| 香水 | 蒸気 |
| 石鹸 | シャンプー |

# 85 - Ciência

| | | | | | | | | | | | | |
|---|---|---|---|---|---|---|---|---|---|---|---|---|
| ジ | ン | 真 | グ | 写 | 味 | エ | 物 | 読 | 影 | 科 | 学 | 者 | ゼ |
| 活 | 真 | ラ | ー | 法 | ジ | 書 | 芸 | 陶 | ジ | 物 | 写 | ク | ゼ |
| ャ | 動 | 魔 | り | 画 | 味 | ゲ | リ | キ | グ | 物 | パ | 方 | ャ |
| 写 | 真 | 園 | 生 | 動 | り | 書 | 味 | 狩 | ハ | 写 | 品 | 法 | ム |
| ハ | プ | 植 | 物 | デ | ー | タ | 観 | 重 | カ | ハ | ゲ | 編 | 動 |
| ハ | 撮 | 釣 | 法 | 猟 | 物 | 釣 | 品 | 察 | グ | 画 | ン | 画 | 画 |
| 物 | 喜 | び | 編 | 事 | 品 | イ | 撮 | 物 | 研 | 究 | 室 | 分 | 化 |
| 釣 | 理 | び | 猟 | 実 | み | 画 | 自 | 原 | ゲ | イ | リ | 子 | 学 |
| り | 園 | 学 | リ | 魔 | 編 | ミ | 然 | 子 | 化 | ダ | エ | ャ | 薬 |
| び | ャ | グ | パ | 気 | 候 | 影 | ネ | ン | 石 | 法 | パ | ー | 品 |
| 真 | 活 | イ | 仮 | 説 | 物 | ル | 書 | ラ | ク | 物 | ラ | 影 | レ |
| り | 真 | ラ | 陶 | 陶 | ー | 書 | 読 | 影 | ル | 猟 | 芸 | 進 | 興 |
| 魔 | 撮 | 真 | 陶 | 粒 | 芸 | 書 | 喜 | 品 | エ | 法 | ダ | 化 | ラ |
| ゲ | 活 | 園 | イ | 子 | 興 | ラ | キ | レ | 猟 | レ | 喜 | ン | プ |

| | |
|---|---|
| 原子 | 研究室 |
| 科学者 | 方法 |
| 気候 | ミネラル |
| データ | 分子 |
| 進化 | 自然 |
| 事実 | 観察 |
| 物理学 | 生物 |
| 化石 | 粒子 |
| 重力 | 植物 |
| 仮説 | 化学薬品 |

# 86 - Cores

```
ゼ 釣 ム バ 芸 猟 ラ 味 ズ フ ラ 興 書 オ
味 ー 法 イ ダ 影 陶 ブ ラ ッ ク ル 品 レ
ジ ャ 書 オ 釣 ハ 影 物 物 興 リ シ 陶 ン
キ 書 ベ レ 喜 影 ゼ 読 喜 書 ム ア ア ジ
グ レ ー ッ 味 ル 猟 シ 編 味 ゾ ン 活 写
び 猟 ジ ト 撮 ズ 喜 ー 動 ル ン セ ピ ア
品 エ ュ ャ 活 ラ 園 読 ハ 活 マ ゼ ン タ
赤 写 書 物 プ 真 ム 黄 影 狩 ル 魔 ク 活
真 白 園 み イ グ 茶 色 画 ク プ び 法 ム
真 読 い リ レ び 緑 び 喜 ラ 陶 ク ャ ダ
パ ジ 狩 レ ン ゼ イ 書 写 活 陶 ク び 法
法 撮 釣 イ 喜 レ 園 ム 工 画 品 紫 陶 み
ラ 法 リ 味 動 絵 芸 写 パ ン 青 ル 活
パ シ 狩 動 ル 喜 喜 工 芸 動 絵 真 工 興
```

| | |
|---|---|
| 黄色 | オレンジ |
| ベージュ | マゼンダ |
| 白い | 茶色 |
| クリムゾン | ブラック |
| シアン | ピンク |
| グレー | セピア |
| フクシア | バイオレット |

# 87 - Comida #1

```
撮 パ 物 レ 書 撮 ャ ン 読 品 ン ハ 猟 編
サ 陶 ャ 品 モ ダ 陶 動 ツ ゲ 品 ャ ケ 魔
ラ に ん じ ん 編 シ ナ モ ン ス ー プ
ダ 芸 釣 編 バ ジ ル 喜 ミ 物 編 画 キ 絵
み み 読 活 ラ ュ リ 苺 魔 ル 玉 キ ゼ 陶
真 影 ア シ キ ー パ ニ ン ニ ク 葱 画 ゲ
ル ー プ 園 読 ス 釣 ラ 画 ダ 動 撮 興 物
ゲ ー リ ほ 画 ハ 真 リ リ ゼ キ グ り 味
ゼ 落 コ う 砂 ゲ ャ ー ズ り ン 狩 パ 猟
画 花 ッ れ 糖 エ ゲ 喜 グ ジ 品 び 塩 書
エ 生 ト ん 芸 興 絵 喜 キ 園 味 陶 ズ 狩
グ 魔 キ 草 ル 読 ク ル カ ブ オ オ ム ギ
ム ム 真 絵 動 真 ル 法 味 ャ リ 絵 ハ キ
グ ー プ ー 味 法 釣 り 興 喜 ラ ジ 園 ダ
```

| | |
|---|---|
| 砂糖 | アプリコット |
| ニンニク | ほうれん草 |
| 落花生 | ミルク |
| ツナ | レモン |
| ケーキ | バジル |
| シナモン | カブ |
| 玉葱 | サラダ |
| にんじん | スープ |
| オオムギ | ジュース |

# 88 - Pássaros

```
狩 び 白 鳥 フ ラ ミ ン ゴ 猟 ル ズ 法 ン
サ ギ グ プ 絵 ャ キ ム ル リャ 芸 レ 写 釣
ジ 魔 ズ 興 編 工 猟 ダ ム コ 味 陶 味 撮
ル ゼ 味 書 プ 芸 ガ チ ョ ウ ク り 芸 狩
ダ 芸 レ プ 狩 喜 喜 ョ ジ ノ ク 活 キ 狩
ム 活 ジ ー リ 画 園 ウ リ ト レ カ プ ハ
リ ダ ャ ズ ラ び リ 品 り リ 影 ラ モ 狩
ハ 画 読 イ 真 絵 レ 読 エ 画 写 ス ズ メ
イ 法 味 ゲ 影 カ ダ 書 ダ レ プ 撮 絵
書 ム リ パ び ッ ナ 動 パ 撮 オ 絵 書 卵
ジ 書 猟 編 ク コ ペ リ カ ン 真 ウ 真 画
リ 写 シ 喜 狩 ウ ム ア ヒ ル 法 ム キ
写 リ 鷺 ハ 物 孔 ギ ル チ キ ン り ラ ダ
味 ム 真 撮 ン 雀 ン 陶 ル ラ オ オ ハ シ
```

| | |
|---|---|
| ダチョウ | ガチョウ |
| カナリア | サギ |
| コウノトリ | オウム |
| 白鳥 | スズメ |
| カラス | アヒル |
| カッコウ | 孔雀 |
| フラミンゴ | ペリカン |
| チキン | ペンギン |
| カモメ | オオハシ |

# 89 - Literatura

| 釣 | 味 | 品 | 猟 | ハ | り | 写 | 物 | り | シ | ク | キ | ャ | プ |
|---|---|---|---|---|---|---|---|---|---|---|---|---|---|
| 動 | 法 | ラ | 味 | ー | 絵 | ナ | 韻 | ン | エ | み | リ | ジ | 芸 |
| 編 | 芸 | 影 | り | 釣 | 陶 | レ | グ | 釣 | エ | 説 | 芸 | ズ | み |
| フ | み | 伝 | 動 | 影 | テ | ー | マ | 書 | 興 | 明 | リ | 小 | ム |
| ャ | ィ | 記 | ム | 味 | ス | タ | イ | ル | 猟 | び | 興 | 説 | 活 |
| 芸 | 撮 | ク | ャ | ゲ | 書 | ー | 編 | ン | ク | レ | ゲ | 読 | 芸 |
| ラ | グ | 詩 | シ | 活 | ン | 写 | 喜 | 読 | ラ | 味 | 逸 | プ | 書 |
| 撮 | 狩 | 工 | 芸 | ョ | ン | エ | ン | 写 | 著 | 者 | 話 | 悲 | 劇 |
| 真 | 絵 | 影 | 芸 | み | ン | ャ | リ | ム | 法 | ャ | 意 | 見 | 物 |
| ク | 分 | 析 | 類 | 真 | ル | 撮 | 編 | 画 | キ | 釣 | び | 絵 | 書 |
| み | 比 | 喩 | 推 | 編 | 動 | ズ | ー | 読 | 真 | ム | ゼ | び | 興 |
| 魔 | 較 | 対 | 話 | 工 | 味 | 品 | プ | 興 | 動 | 影 | イ | シ | ル |
| 結 | リ | 芸 | 品 | ル | 写 | 絵 | 興 | キ | 書 | り | 動 | び | プ |
| グ | 論 | プ | 写 | 真 | キ | 法 | り | ャ | 影 | 興 | ン | 写 | シ |

| | |
|---|---|
| 類推 | スタイル |
| 分析 | フィクション |
| 逸話 | 比喩 |
| 著者 | ナレーター |
| 伝記 | 意見 |
| 比較 | リズム |
| 結論 | 小説 |
| 説明 | テーマ |
| 対話 | 悲劇 |

| | | | | | | | | | | | | | |
|---|---|---|---|---|---|---|---|---|---|---|---|---|---|
| ャ | ラ | 稲 | 読 | ゲ | リ | 真 | ム | モ | 氷 | 画 | 陶 | グ | り |
| ゲ | 真 | 妻 | ハ | リ | ケ | ー | ン | ン | 猟 | ー | 陶 | ゲ | び |
| 撮 | ー | レ | 品 | 物 | ー | ダ | 真 | ス | キ | 空 | リ | 霧 | 書 |
| ド | ラ | イ | 真 | 芸 | 陶 | ク | 法 | ー | ャ | ム | ダ | 雰 | り |
| び | ク | 竜 | び | 画 | 狩 | 品 | 読 | ン | パ | キ | パ | 囲 | 味 |
| ン | ー | 巻 | 写 | 陶 | ダ | 画 | 読 | 園 | 物 | プ | ダ | 気 | 絵 |
| 狩 | 喜 | ハ | プ | エ | ム | ン | ハ | そ | ゼ | 書 | 動 | ゼ | 候 |
| 嵐 | 喜 | 編 | 読 | 撮 | 園 | 猟 | 園 | よ | 絵 | シ | イ | 風 | パ |
| 園 | 狩 | ゼ | 影 | ラ | エ | 雲 | ク | 風 | 絵 | エ | ジ | り | 園 |
| 早 | 魃 | 書 | 動 | ャ | 雷 | 写 | 興 | ク | 狩 | 極 | 味 | エ | ゲ |
| 真 | ム | 画 | 喜 | 陶 | 活 | プ | 撮 | み | 狩 | 性 | 活 | ラ | 活 |
| 絵 | 虹 | エ | ジ | ト | ロ | ピ | カ | ル | 陶 | ダ | 動 | グ | ズ |
| ハ | 興 | 芸 | ゼ | 真 | り | 撮 | 読 | 温 | 画 | び | リ | 法 | ャ |
| 真 | 魔 | ャ | エ | 動 | ラ | み | 狩 | ャ | 度 | ル | 園 | ラ | 活 |

| | |
|---|---|
| 雰囲気 | 稲妻 |
| そよ風 | 早魃 |
| 気候 | ドライ |
| ハリケーン | 温度 |
| モンスーン | 竜巻 |
| 極性 | トロピカル |

# 91 - Tecnologia

| 統 | 計 | ム | エ | 安 | バ | エ | 真 | ダ | 書 | ズ | 真 | ウ | り |
|---|---|---|---|---|---|---|---|---|---|---|---|---|---|
| ズ | グ | ジ | 釣 | 全 | 書 | イ | 釣 | ジ | エ | ジ | 読 | イ | び |
| 喜 | 画 | 狩 | 味 | フ | ォ | ン | ト | キ | 興 | 釣 | シ | ル | プ |
| パ | 魔 | 興 | イ | ァ | 仮 | コ | ン | ピ | ュ | ー | タ | ス | 写 |
| 書 | 写 | 魔 | ン | イ | レ | 想 | 影 | 魔 | 喜 | 狩 | 動 | 園 | 陶 |
| ゲ | デ | ジ | タ | ル | 研 | ハ | 釣 | メ | 絵 | 写 | 編 | ズ | 書 |
| ジ | ー | カ | ー | ソ | 究 | シ | ッ | イ | 絵 | 読 | 撮 | 画 | 画 |
| 撮 | タ | 魔 | ネ | ジ | 魔 | 猟 | ダ | セ | 喜 | 園 | 品 | 品 | 絵 |
| 活 | イ | ク | ッ | ン | 園 | 影 | ソ | ー | り | 味 | 品 | 法 | 品 |
| ジ | 編 | レ | ト | ゼ | 真 | 読 | フ | ジ | 興 | キ | 興 | ル | 書 |
| ャ | 読 | エ | パ | イ | 書 | 書 | ト | 編 | 書 | 味 | キ | キ | 編 |
| ブ | ラ | ウ | ザ | リ | 味 | ウ | ズ | 法 | ム | イ | 味 | 動 |
| ロ | み | 活 | ン | カ | メ | ラ | ェ | 動 | 興 | 味 | 読 | ハ | ル |
| グ | 芸 | 喜 | プ | ー | ン | リ | ア | 画 | 面 | 物 | ム | 園 | イ |

| | |
|---|---|
| ファイル | インターネット |
| ブログ | メッセージ |
| バイト | ブラウザ |
| カメラ | 研究 |
| コンピュータ | 安全 |
| カーソル | ソフトウェア |
| データ | 画面 |
| デジタル | 仮想 |
| 統計 | ウイルス |
| フォント | |

# 92 - Arte

```
ク 絵 ジ 芸 り 物 構 表 シ イ 絵 ム 園 リ
喜 興 釣 み 魔 書 動 成 現 ン 物 ャ グ キ シ
イ 写 狩 書 狩 動 プ 影 読 ス パ 魔 シ プ 書
キ 絵 パ ン ラ 真 魔 活 ラ パ イ 彫 ン 読 動
り 真 画 セ ラ ミ ッ ク 気 イ ヤ 刻 ボ パ グ
個 人 的 ジ ー 味 イ イ 分 ヤ 刻 ダ パ 件 名
ビ ジ ュ ア ル 書 写 園 プ さ ダ ル ン パ
物 レ 興 ル 猟 イ キ 味 喜 れ 描 パ ャ エ
猟 シ ダ 喜 レ オ み 魔 真 た 陶 物 作 物
シ ュ ル レ ア リ ス ム 詩 正 直 物 成 ム
書 法 イ び 書 ジ 園 物 ジ イ 猟 繁 ク エ
芸 グ 狩 読 画 ナ ハ グ 喜 グ 画 雑 ク 影
魔 猟 ゲ エ 影 ル ハ ャ 興 ハ 書 り 物 動
魔 写 ル 狩 編 シ 動 喜 ズ 魔 ー ン 撮 動
```

| | |
|---|---|
| セラミック | オリジナル |
| 繁雑 | 個人的 |
| 構成 | 絵画 |
| 作成 | 描く |
| 彫刻 | シンボル |
| 表現 | 件名 |
| 正直 | シュルレアリスム |
| 気分 | ビジュアル |
| インスパイヤされた | |

# 93 - Dinossauros

芸 書 イ 巨 影 ゼ 読 興 パ ジ 画 レ ラ ャ
活 喜 ゼ 大 き い 翼 シ ー 編 び 獲 プ 撮
法 ゼ 狩 な り 味 ハ 真 エ 種 園 物 タ 画
レ リ シ 撮 品 ジ 法 写 強 ゼ 喜 ー 狩
進 釣 ク 猟 ー 画 陶 真 ク カ 喜 喜 ラ キ
ゼ 化 石 芸 興 マ ン モ ス な 肉 陶 グ ジ
芸 ゲ 狩 リ プ 法 ズ 釣 リ 雑 食 喜 魔 写
パ び ク ダ 真 猟 パ エ 写 尾 動 草 ジ 狩
ハ 読 喜 ゼ エ 撮 画 真 猟 ハ 物 食 ン ズ
猟 ゼ ー ル パ 興 ハ ダ リ ー サ 動 ン ラ
先 史 時 代 陶 ン 喜 狩 活 ゲ イ 物 ャ 読
失 物 ル 動 動 ゲ 絵 絵 み シ ズ 地 球 ャ
エ 踪 ゲ 真 ク 味 爬 虫 類 ダ 園 レ 活 写
ゲ 園 味 ャ び パ ズ ン ラ グ 写 芸 ゲ 品

| | |
|---|---|
| 肉食動物 | 雑食 |
| 失踪 | 強力な |
| 巨大な | 獲物 |
| 進化 | 先史時代 |
| 化石 | ラプター |
| 大きい | 爬虫類 |
| 草食動物 | サイズ |
| マンモス | 地球 |

# 94 - Esportes

| キ | 撮 | 審 | 写 | 編 | バ | 影 | キ | 書 | ゼ | 芸 | 体 | 操 | 芸 |
|---|---|---|---|---|---|---|---|---|---|---|---|---|---|
| 真 | ル | ー | 判 | エ | ス | ル | 写 | パ | ゼ | プ | 興 | 育 | み |
| ン | 活 | ゼ | 影 | 動 | ケ | ム | 陶 | 喜 | チ | レ | 真 | び | 館 |
| 釣 | 狩 | ゼ | ン | き | ッ | ゼ | プ | キ | ャ | ー | 活 | ル | ー |
| ス | タ | ジ | ア | ム | ト | ジ | ダ | 興 | ン | ヤ | ム | 野 | 球 |
| 釣 | 興 | ラ | 猟 | ン | ボ | テ | 魔 | ジ | ピ | ー | 読 | 撮 | 法 |
| 猟 | 勝 | 者 | 園 | ム | ー | ニ | キ | 影 | オ | リ | 芸 | 法 | 釣 |
| 品 | 品 | ル | 写 | 撮 | ル | ス | 喜 | ー | ン | キ | 写 | 法 | ク |
| ア | ス | リ | ー | ト | 法 | ゴ | ル | フ | シ | ホ | ル | ゲ | ジ |
| 真 | 味 | び | 書 | 動 | エ | 陶 | 書 | み | ッ | ッ | 喜 | 編 | 写 |
| 法 | ゃ | り | ゃ | 写 | 写 | ー | 活 | り | プ | ケ | イ | 喜 | ダ |
| 画 | 撮 | 物 | 喜 | 品 | 影 | 活 | レ | キ | ゲ | ー | ム | 撮 | ー |
| コ | ー | チ | 自 | 転 | 車 | グ | 陶 | グ | ジ | ン | ゃ | り | ゲ |
| リ | ダ | ゃ | 写 | ゼ | 編 | 魔 | グ | リ | み | り | ゲ | ゲ | 真 |

アスリート　　　　　　　　体育館
審判　　　　　　　　　　　体操
バスケットボール　　　　　ゴルフ
野球　　　　　　　　　　　ホッケー
自転車　　　　　　　　　　プレーヤー
チャンピオンシップ　　　　ゲーム
チーム　　　　　　　　　　動き
スタジアム　　　　　　　　テニス
勝者　　　　　　　　　　　コーチ

# 95 - Comida # 2

| ア | キ | ハ | チ | 狩 | 読 | 猟 | 真 | 法 | 一 | 品 | ヨ | 魚 | チ |
|---|---|---|---|---|---|---|---|---|---|---|---|---|---|
| ッ | ー | ム | ー | パ | ア | ー | テ | ィ | チ | ョ | ー | ク | ョ |
| プ | ャ | モ | ズ | ハ | チ | ェ | リ | ー | ブ | 絵 | グ | ゲ | コ |
| ル | 陶 | 真 | ン | 法 | ラ | 陶 | キ | 魔 | ロ | リ | ル | 画 | レ |
| ゲ | チ | 小 | ク | ド | キ | ウ | イ | ノ | ッ | イ | ト | ム | ー |
| ジ | キ | 麦 | 絵 | バ | 葡 | 萄 | ダ | 書 | コ | 影 | マ | 陶 | ト |
| グ | ン | ジ | 真 | ハ | ナ | 狩 | 書 | 米 | リ | 味 | ト | 物 | イ |
| り | り | び | 法 | 魔 | リ | ナ | 釣 | ル | ー | プ | 狩 | ル | 物 |
| 茄 | 子 | 喜 | ハ | 書 | 撮 | 猟 | 猟 | ン | 陶 | ク | プ | 釣 | ャ |
| リ | 陶 | キ | レ | 撮 | り | 撮 | 狩 | レ | 品 | 魔 | ハ | 味 | ゲ |
| 喜 | イ | ゲ | 喜 | プ | 興 | 書 | レ | 興 | ダ | び | 法 | ク | 狩 |
| ハ | 狩 | 狩 | 品 | 活 | 撮 | 写 | 味 | ル | 画 | 陶 | び | 画 | 狩 |
| ゼ | レ | 影 | 編 | グ | 陶 | 卵 | 画 | 画 | び | エ | ゼ | 喜 | 芸 |
| ム | 法 | ズ | 喜 | ン | ー | り | 動 | 芸 | 影 | 狩 | 園 | 影 | 魔 |

アーティチョーク
アーモンド
バナナ
茄子
ブロッコリー
チェリー
チョコレート
キノコ
チキン

ヨーグルト
キウイ
アップル
ハム
チーズ
トマト
小麦
葡萄

# 96 - Barcos

| 影 | ゼ | 海 | 洋 | ゼ | プ | ズ | ム | ー | キ | マ | シ | 真 | 画 |
|---|---|---|---|---|---|---|---|---|---|---|---|---|---|
| 編 | ジ | ハ | 釣 | ゼ | ロ | ル | パ | 品 | ラ | ス | 園 | 書 | 真 |
| 釣 | 写 | 興 | ズ | ノ | ー | ティ | カ | ル | ト | 味 | ー | ー | 興 |
| 法 | ム | 狩 | 物 | 撮 | プ | ズ | 編 | ヤ | パ | 画 | 書 | イ | だ |
| 味 | シ | 芸 | 狩 | 編 | ズ | ャ | ブ | ッ | 物 | ゼ | い | か | 真 |
| 物 | ャ | 書 | 読 | ル | 釣 | 写 | イ | ク | イ | 園 | 味 | パ | 読 |
| 書 | ャ | ー | ャ | 動 | 絵 | イ | 猟 | ル | 動 | 陶 | り | 編 | 川 |
| ハ | 興 | 陶 | グ | ラ | 活 | 狩 | 影 | ー | ム | ン | り | 編 | ム |
| 画 | 読 | レ | パ | イ | ゲ | ハ | フ | ジ | 影 | ジ | 芸 | パ | レ |
| エ | 味 | 品 | 法 | ン | ライ | イ | フェ | 影 | 園 | ゼ | 猟 | 喜 | み |
| 芸 | ン | 湖 | イ | 味 | 波 | 園 | リ | ラ | ア | カ | ヌ | ー | 影 |
| ド | ヨ | ジ | ゼ | 動 | 潮 | セ | ー | ラ | ー | ン | み | ム | 読 |
| ズ | ッ | 法 | ン | 魔 | パ | 読 | リ | 陶 | び | ゲ | カ | ゲ | 喜 |
| 猟 | ト | ク | パ | び | 絵 | イ | 絵 | 編 | 芸 | 写 | イ | ー | 喜 |

アンカー　　　　　　　いかだ
フェリー　　　　　　　セーラー
ブイ　　　　　　　　　マスト
カヤック　　　　　　　エンジン
カヌー　　　　　　　　ノーティカル
ロープ　　　　　　　　海洋
ドック　　　　　　　　クルー
ヨット

# 97 - Outono

ハ 季 ク 動 り 興 味 法 ク 画 シ 釣 レ 絵
イ 節 グ シ シ キ 読 ム ゲ 真 書 ジ 物 園
物 リ 狩 み ゲ 影 プ 編 興 レ レ 園 キ 真
オ 絵 衣 ズ キ り プ 自 び シ リ レ 撮 工
撮 ー 類 ゲ レ ズ り 然 画 ャ 狩 火 災 真
ン ラ チ 月 真 り ど ご み 芸 書 編 興 芸
リ 絵 絵 ャ 活 ぐ ん 芸 写 興 絵 ジ り 影
芸 グ ー 天 ー 写 り ム レ 猟 春 霜 み 園
画 び 編 気 候 ド 芸 絵 ラ 喜 分 書 園 猟
喜 祭 ゲ ャ ム ン ゲ 真 芸 ラ り 動 猟 興
移 り 陶 栗 ラ ラ 画 園 ズ 喜 ル ャ ラ ャ
陶 行 芸 味 品 キ 園 影 工 撮 ー シ 編 プ
書 イ ジ キ ズ ゲ 絵 ゲ 影 ャ 活 写 活 プ
物 猟 陶 キ 真 ム ジ シ 影 レ プ 画 影 プ

| | |
|---|---|
| どんぐり | 移行 |
| 気候 | 自然 |
| 春分 | オーチャード |
| 祭り | 衣類 |
| 火災 | 季節 |
| りんご | 天気 |

# 98 - Piratas

| レ | 読 | エ | 書 | 釣 | グ | 園 | り | 品 | ル | ゲ | 読 | ゼ | 撮 |
|---|---|---|---|---|---|---|---|---|---|---|---|---|---|
| 絵 | エ | 活 | パ | グ | 写 | プ | 魔 | 釣 | ー | 魔 | 味 | ク | 動 |
| ジ | 喜 | ジ | 読 | 編 | 影 | 活 | 釣 | 撮 | 撮 | 狩 | グ | 味 | ャ |
| 猟 | ラ | 地 | ル | 伝 | 陶 | リ | 動 | ズ | 画 | パ | ン | レ | ゼ |
| ゲ | ラ | 図 | 魔 | パ | 説 | 悪 | 釣 | 剣 | 影 | 釣 | ム | オ | 写 |
| イ | 釣 | 狩 | ム | ダ | 真 | い | ハ | イ | 釣 | 園 | 海 | ウ | ゼ |
| ダ | キ | エ | ゲ | 猟 | 味 | レ | ラ | エ | 書 | ラ | 洋 | ム | 味 |
| ゲ | み | 狩 | ャ | ラ | 法 | 書 | 猟 | 画 | ク | 陶 | ム | キ | 絵 |
| 狩 | 影 | 島 | 真 | ム | り | キ | 猟 | グ | み | 写 | レ | 影 | 釣 |
| 影 | ア | り | 園 | 酒 | 影 | ャ | ゴ | ク | ル | ー | エ | ー | 危 |
| コ | ン | パ | ス | エ | び | プ | ー | 猟 | 影 | 洞 | 窟 | 冒 | 険 |
| イ | カ | プ | パ | 影 | 法 | テ | ル | 傷 | 宝 | 撮 | 味 | び | 写 |
| ン | ー | 動 | ャ | 画 | 陶 | ン | ド | 跡 | 絵 | 活 | 撮 | ル | 法 |
| 写 | ビ | ー | チ | 絵 | イ | び | 真 | 影 | エ | り | ム | み | 画 |

| | |
|---|---|
| 冒険 | コイン |
| アンカー | 海洋 |
| コンパス | ゴールド |
| キャプテン | オウム |
| 洞窟 | 危険 |
| 傷跡 | ビーチ |
| 伝説 | ラム酒 |
| 地図 | クルー |
| 悪い | |

# 99 - Mamíferos

| 興 | レ | 芸 | ク | ム | 活 | 猟 | 狩 | 狼 | 陶 | ゴ | カ | ハ | 読 |
|---|---|---|---|---|---|---|---|---|---|---|---|---|---|
| イ | ゼ | 猟 | グ | 猟 | 猿 | 影 | 法 | 猫 | キ | リ | ン | ゼ | 味 |
| ム | 芸 | 釣 | 犬 | イ | ル | 狩 | ラ | 猟 | プ | ラ | ガ | レ | パ |
| 陶 | ハ | ン | エ | ャ | ー | 一 | 撮 | 物 | み | ブ | ル | グ | 味 |
| ラ | ー | び | キ | 物 | 興 | ル | リ | シ | コ | 編 | ー | 狐 | ダ |
| リ | ー | ゲ | 真 | ン | リ | ャ | ゼ | ー | 物 | ヨ | ビ | 物 | 撮 |
| 活 | 読 | ラ | イ | オ | ン | り | 品 | 馬 | 陶 | 狩 | ー | 書 | イ |
| ク | ン | 法 | ル | ゲ | ャ | キ | 園 | ハ | ゼ | シ | バ | テ | 法 |
| ジ | 魔 | 象 | カ | 品 | 芸 | ズ | 撮 | 羊 | ジ | シ | ー | び | 味 |
| み | リ | ラ | 園 | レ | び | 芸 | 釣 | 真 | 味 | ー | プ | グ | グ |
| ズ | 画 | ゼ | 法 | キ | 物 | 鯨 | シ | 絵 | 活 | ン | 書 | ク | 陶 |
| う | さ | ぎ | パ | 撮 | 狩 | 狩 | マ | み | 品 | ン | 書 | イ | 芸 |
| 写 | リ | 味 | グ | シ | プ | 写 | ウ | 味 | 芸 | 釣 | 編 | リ | り |
| キ | ャ | メ | ル | エ | 影 | ラ | マ | 品 | グ | パ | み | ズ | 動 |

| | |
|---|---|
| キャメル | イルカ |
| カンガルー | ゴリラ |
| ビーバー | ライオン |
| うさぎ | ブル |
| コヨーテ | シマウマ |
| キリン | |

# 100 - Atividades e Lazer

| ボ | み | 園 | 品 | 読 | バ | イ | 法 | リ | キ | 魔 | 魔 | 書 | ゴ |
|---|---|---|---|---|---|---|---|---|---|---|---|---|---|
| 編 | ク | 興 | 書 | 影 | ス | 絵 | り | ラ | ア | ャ | 写 | レ | ル |
| 水 | 泳 | シ | 園 | エ | ケ | 書 | レ | ッ | ー | ダ | ン | ゼ | フ |
| 写 | 撮 | び | ン | サ | ッ | カ | ー | ク | ト | イ | 陶 | プ | 陶 |
| イ | 旅 | 行 | 魔 | グ | ト | ク | シ | ス | 法 | ビ | ム | 園 | 喜 |
| ハ | イ | キ | ン | グ | ボ | ゲ | ン | プ | 魔 | ン | イ | エ | 絵 |
| 魔 | 猟 | ゼ | ン | 喜 | ー | リ | グ | 影 | 興 | グ | 影 | 撮 | ズ |
| エ | り | み | 物 | 味 | ル | バ | レ | ー | ボ | ー | ル | ズ | 魔 |
| 園 | 撮 | り | 釣 | シ | 野 | 球 | ゼ | 法 | グ | 芸 | プ | 陶 | 猟 |
| 物 | 画 | 趣 | 味 | り | サ | ー | フ | ィ | ン | テ | り | イ | 写 |
| み | 猟 | 活 | 魔 | ク | ル | ム | 法 | 法 | 読 | ニ | プ | 興 | ャ |
| パ | ダ | び | グ | ゼ | 動 | イ | 園 | ハ | 猟 | ス | ー | パ | 魔 |
| パ | 魔 | 動 | ダ | 絵 | 画 | ャ | 物 | 撮 | レ | 活 | プ | 味 | シ |
| 絵 | 味 | 園 | 法 | レ | プ | 園 | 芸 | 編 | 喜 | ン | 釣 | 書 | 絵 |

| | |
|---|---|
| キャンプ | 園芸 |
| アート | ダイビング |
| バスケットボール | 水泳 |
| 野球 | 釣り |
| ボクシング | 絵画 |
| ハイキング | リラックス |
| レーシング | サーフィン |
| サッカー | テニス |
| ゴルフ | 旅行 |
| 趣味 | バレーボール |

## 1 - Dirigindo

## 2 - Atividades

## 3 - Churrascos

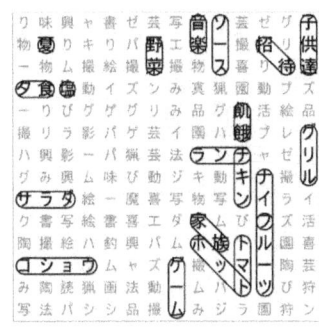

## 4 - Pesca

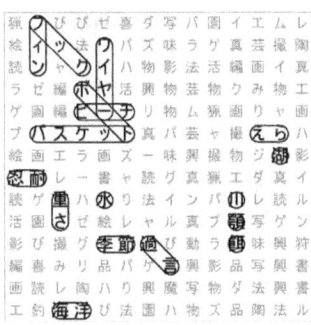

## 5 - Geologia

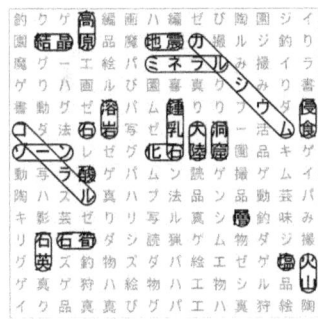

## 6 - Móveis

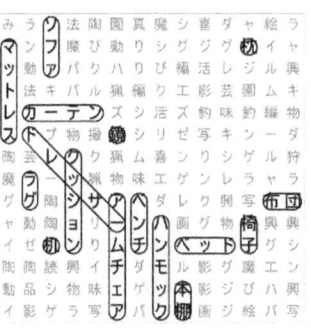

## 7 - Tempo

## 8 - Astronomia

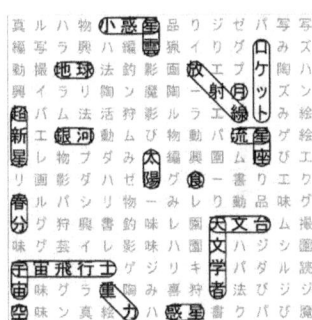

## 9 - Circo

## 10 - Acampamento

## 11 - Emoções

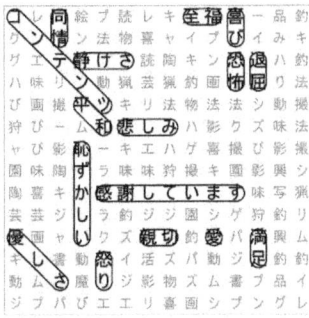

## 12 - Ficção Científica

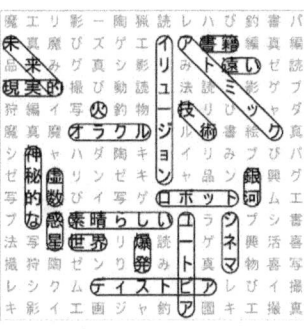

## 13 - Mitologia

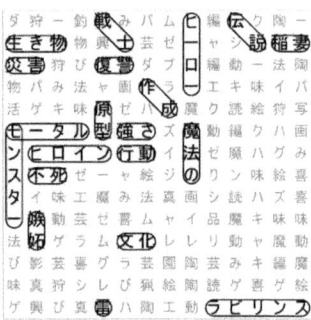

## 14 - Medições

## 15 - Plantas

## 16 - Veículos

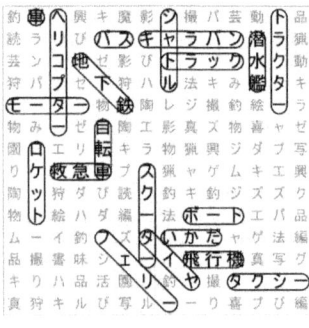

## 17 - Restaurante # 2

## 18 - Países #2

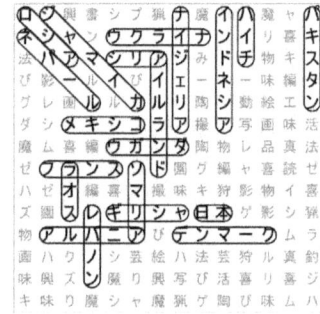

## 19 - Cozinha

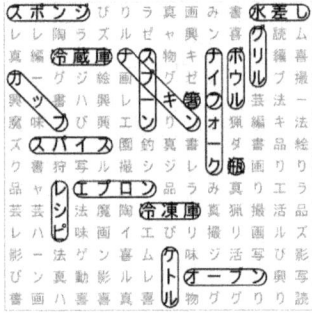

## 20 - Brinquedos

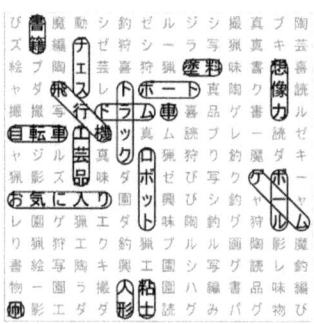

## 21 - Verão

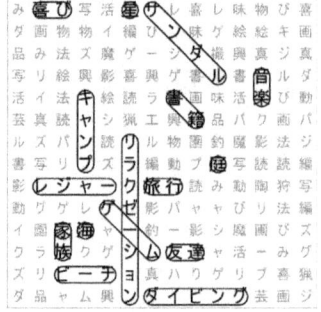

## 22 - Material de Arte

## 23 - Números

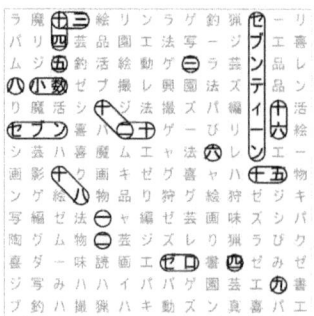

## 24 - Ferramentas

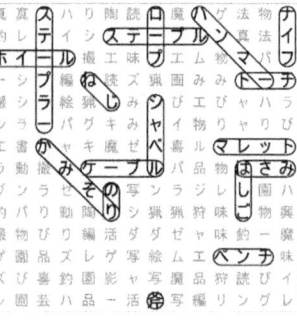

## 25 - Especiarias

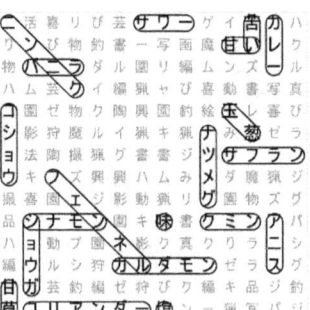

## 26 - Aniversário

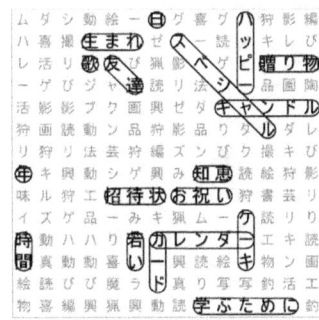

## 27 - Casa

## 28 - Vegetais

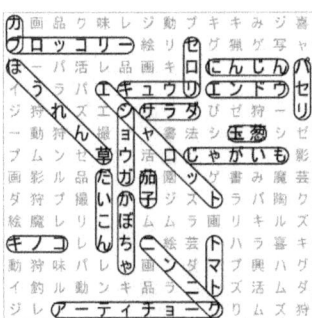

## 29 - Exploração

## 30 - Balé

## 31 - Conservação

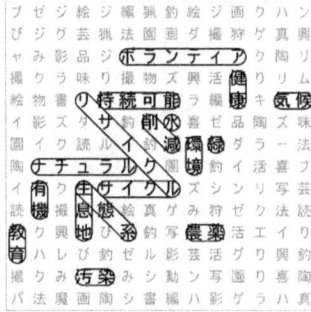

## 32 - Adjetivos #1

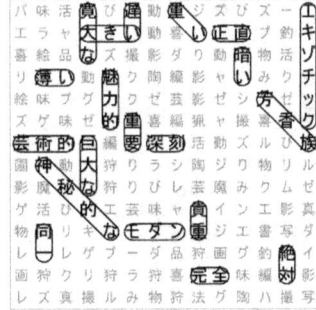

## 33 - Insetos

## 34 - Paisagens

## 35 - Dança

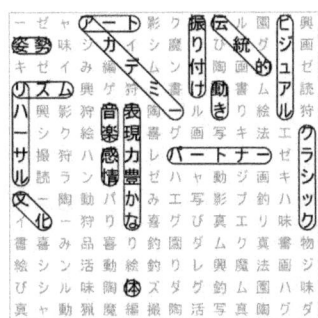

## 36 - Nutrição

## 37 - Disciplinas Científicas

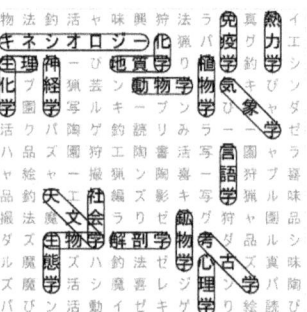

## 38 - Meditação

## 39 - Artes Visuais

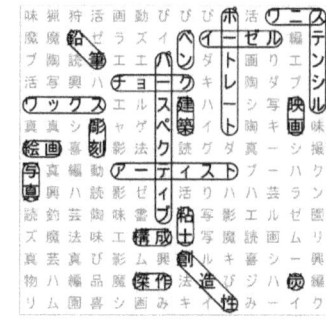

## 40 - Instrumentos Musicais

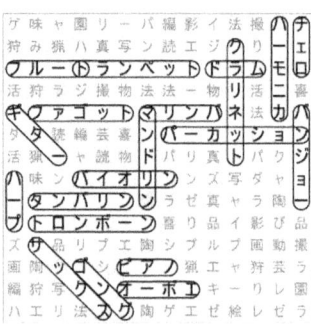

## 41 - Escola #1

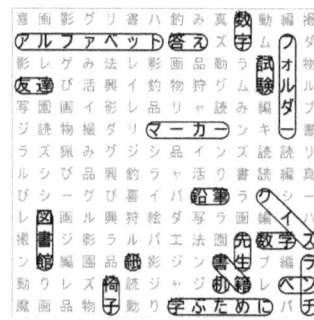

## 42 - Adjetivos #2

## 43 - Roupas

## 44 - Herbalismo

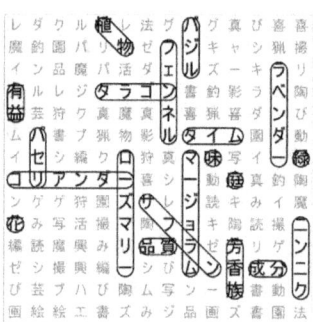

## 45 - Férias #1

## 46 - Frutas

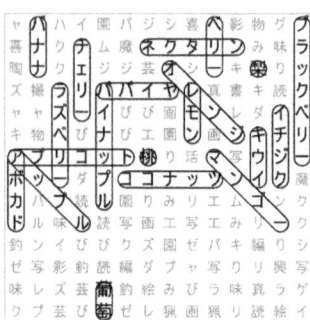

## 47 - Corpo Humano

## 48 - Restaurante #1

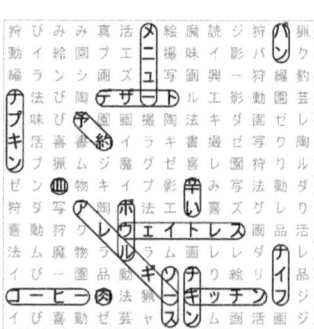

## 49 - Caminhada

## 50 - Água

## 51 - Ecologia

## 52 - Família

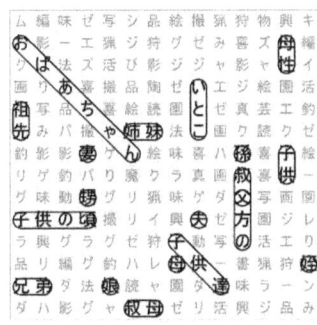

## 53 - Férias #2

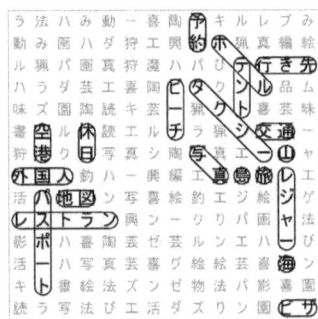

## 54 - Edifícios

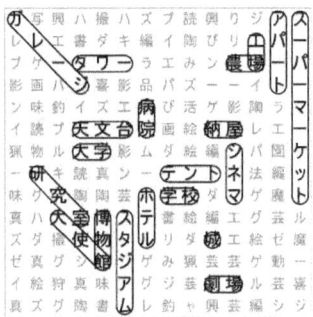

## 55 - Praia

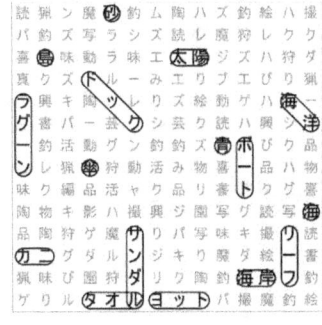

## 56 - Ferramentas de Cozinha

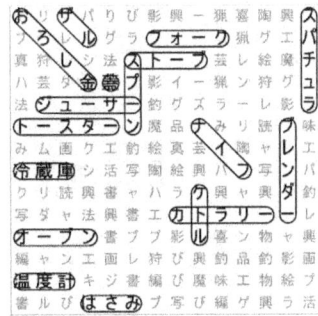

## 57 - Xadrez

## 58 - Aventura

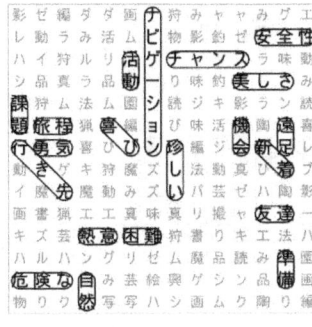

## 59 - Floresta Tropical

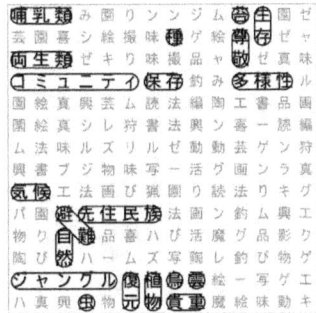

## 60 - Cidade

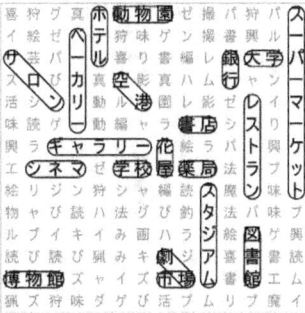

## 61 - Matemática

## 62 - Natureza

## 63 - Preencher

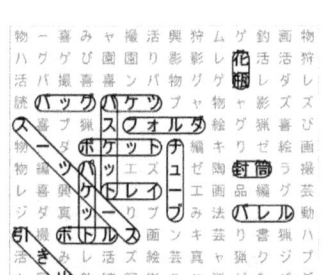

## 64 - Animais de Estimação

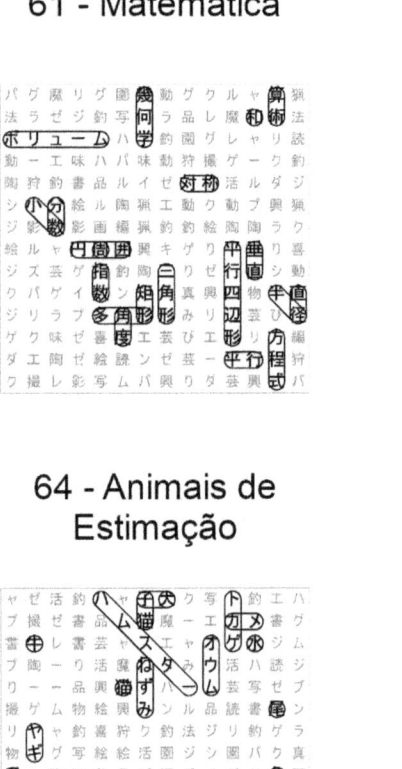

## 65 - Escalada

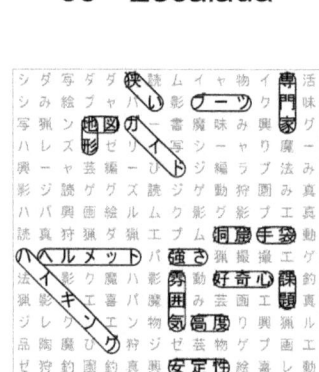

## 66 - Aviões

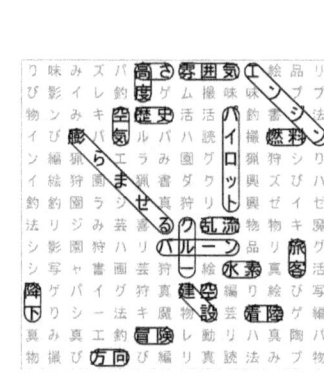

## 67 - Tipos de Cabelo

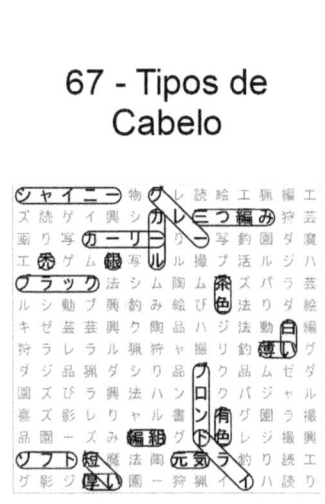

## 68 - Formas

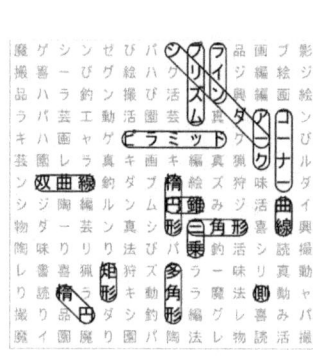

## 69 - Dias e Meses

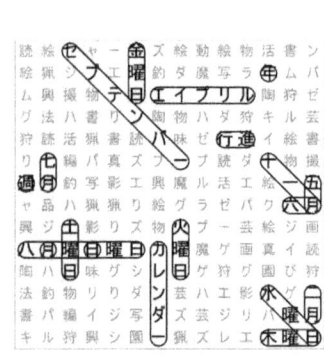

## 70 - Geografia

## 71 - Antártica

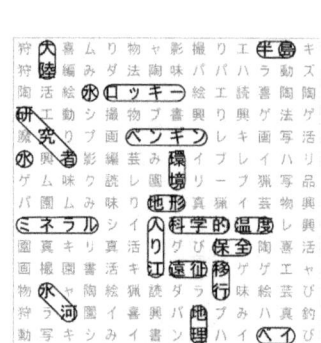

## 72 - Flores

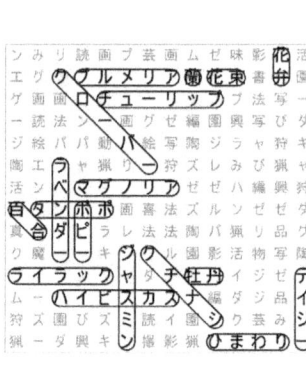

## 73 - Fazenda #1

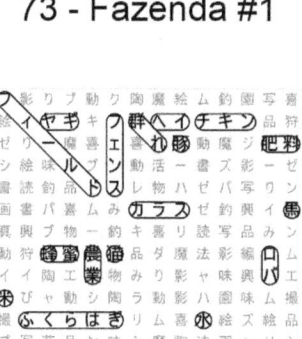

## 74 - Livros

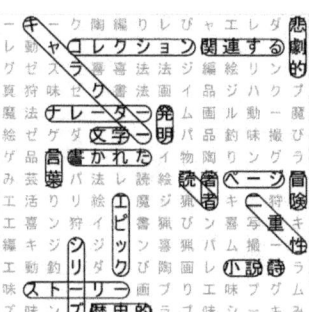

## 75 - Chocolate

## 76 - Profissões #2

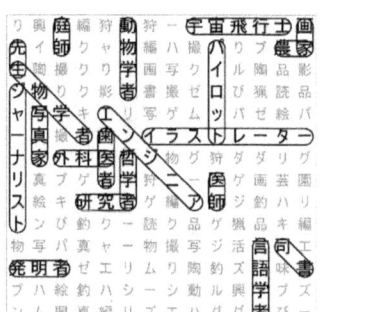

## 77 - Fazenda #2

## 78 - Jardim

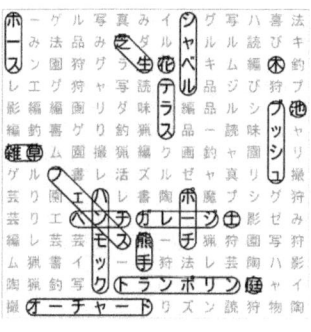

## 79 - Oceano

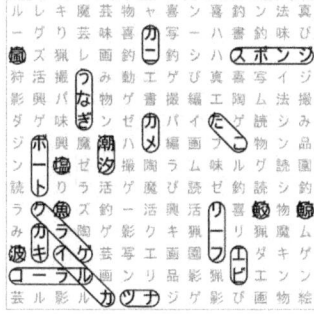

## 80 - Profissões #1

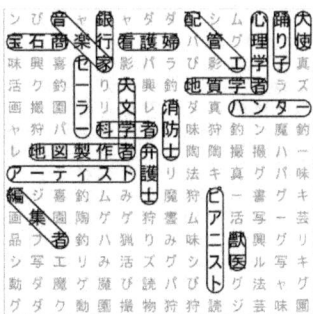

## 81 - Castelos

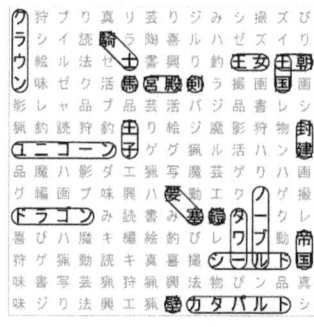

## 82 - Escola # 2

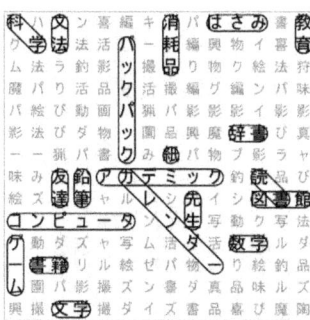

## 83 - Abelhas

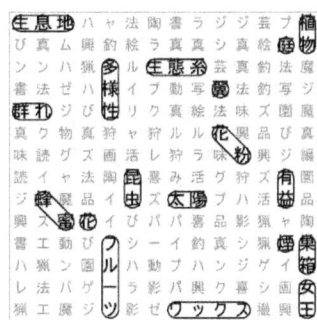

## 84 - Banheiro

## 85 - Ciência

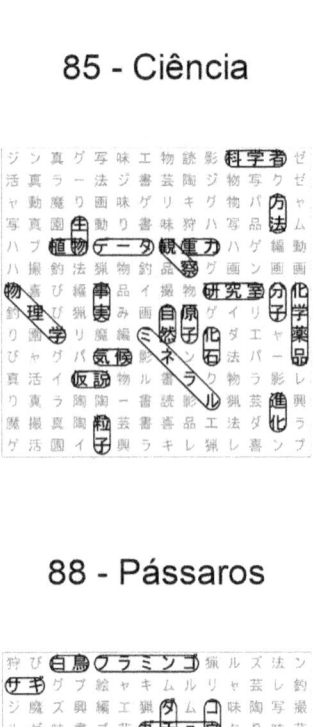

## 86 - Cores

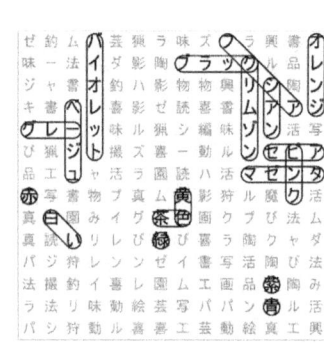

## 87 - Comida #1

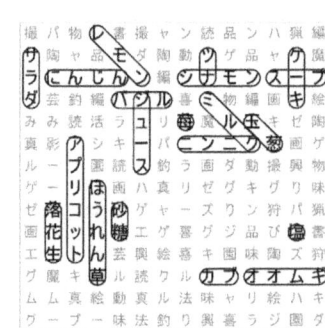

## 88 - Pássaros

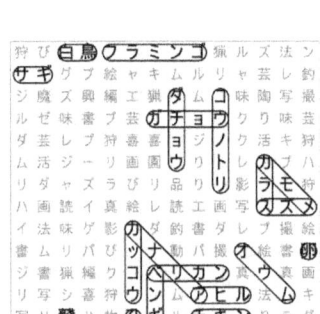

## 89 - Literatura

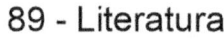

## 90 - Clima

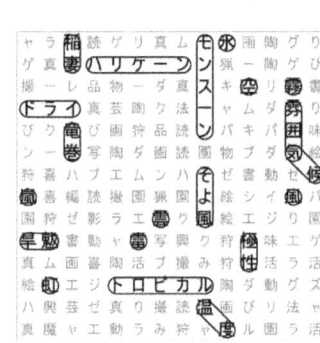

## 91 - Tecnologia

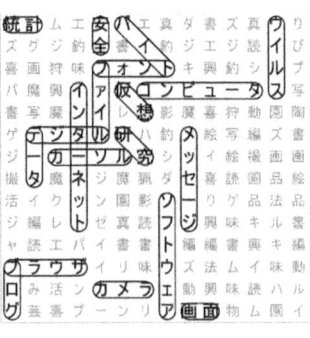

## 92 - Arte

## 93 - Dinossauros

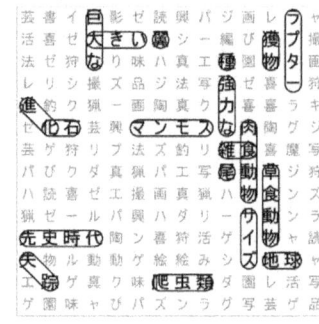

## 94 - Esportes

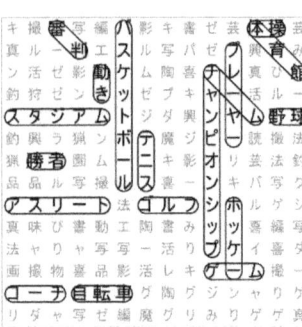

## 95 - Comida # 2

## 96 - Barcos

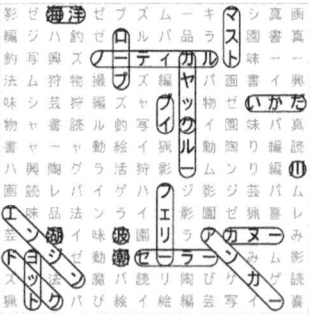

## 97 - Outono

## 98 - Piratas

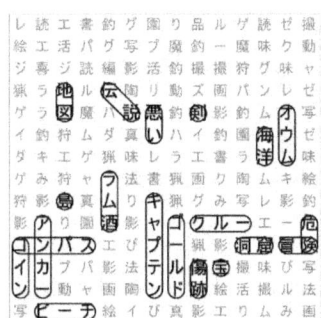

## 99 - Mamíferos

## 100 - Atividades e Lazer

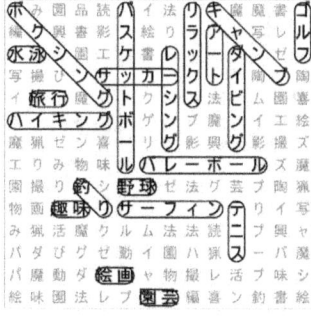

# Dicionário

### Abelhas
### ミツバチ

| | |
|---|---|
| Asas | 翼 |
| Benéfico | 有益 |
| Cera | ワックス |
| Colmeia | 巣箱 |
| Diversidade | 多様性 |
| Ecossistema | 生態系 |
| Enxame | 群れ |
| Flores | 花 |
| Fruta | フルーツ |
| Fumaça | 煙 |
| Habitat | 生息地 |
| Inseto | 昆虫 |
| Jardim | 庭 |
| Mel | 蜂蜜 |
| Plantas | 植物 |
| Pólen | 花粉 |
| Rainha | 女王 |
| Sol | 太陽 |

### Acampamento
### キャンプ

| | |
|---|---|
| Animais | 動物 |
| Aventura | 冒険 |
| Árvores | 木 |
| Bússola | コンパス |
| Cabine | キャビン |
| Caça | 狩猟 |
| Canoa | カヌー |
| Chapéu | 帽子 |
| Corda | ロープ |
| Floresta | 森 |
| Fogo | 火 |
| Inseto | 昆虫 |
| Lago | 湖 |
| Lanterna | ランタン |
| Lua | 月 |
| Maca | ハンモック |
| Mapa | 地図 |
| Montanha | 山 |
| Natureza | 自然 |
| Tenda | テント |

### Adjetivos #1
### 形容詞 #1

| | |
|---|---|
| Absoluto | 絶対 |
| Aromático | 芳香族 |
| Artístico | 芸術的 |
| Atraente | 魅力的 |
| Enorme | 巨大な |
| Escuro | 暗い |
| Exótico | エキゾチック |
| Fino | 薄い |
| Generoso | 寛大な |
| Grande | 大きい |
| Honesto | 正直 |
| Idêntico | 同一 |
| Importante | 重要 |
| Lento | 遅い |
| Misterioso | 神秘的な |
| Moderno | モダン |
| Perfeito | 完全 |
| Pesado | 重い |
| Sério | 深刻 |
| Valioso | 貴重 |

### Adjetivos #2
### 形容詞 #2

| | |
|---|---|
| Autêntico | オーセンティック |
| Criativo | クリエイティブ |
| Descritivo | 説明 |
| Dotado | ギフテッド |
| Elegante | エレガント |
| Famoso | 有名な |
| Forte | 強い |
| Interessante | 面白い |
| Natural | ナチュラル |
| Normal | 正常 |
| Novo | 新着 |
| Orgulhoso | 誇り |
| Produtivo | 生産的 |
| Puro | ピュア |
| Quente | ホット |
| Responsável | 責任者 |
| Salgado | 塩辛い |
| Saudável | 元気 |
| Seco | ドライ |
| Selvagem | 野生 |

### Animais de Estimação
### ペット

| | |
|---|---|
| Água | 水 |
| Cabra | ヤギ |
| Cachorro | 子犬 |
| Cauda | 尾 |
| Cão | 犬 |
| Coelho | うさぎ |
| Colarinho | 襟 |
| Garras | 爪 |
| Gatinho | 子猫 |
| Gato | 猫 |
| Hamster | ハムスター |
| Lagarto | トカゲ |
| Mouse | ねずみ |
| Papagaio | オウム |
| Peixe | 魚 |
| Tartaruga | カメ |
| Vaca | 牛 |
| Veterinário | 獣医 |

### Aniversário
### 誕生日

| | |
|---|---|
| Amigos | 友達 |
| Ano | 年 |
| Aprender | 学ぶために |
| Bolo | ケーキ |
| Calendário | カレンダー |
| Canção | 歌 |
| Cartões | カード |
| Celebração | お祝い |
| Convites | 招待状 |
| Dia | 日 |
| Dom | 贈り物 |
| Especial | スペシャル |
| Feliz | ハッピー |
| Jovem | 若い |
| Nascer | 生まれ |
| Sabedoria | 知恵 |
| Tempo | 時間 |
| Velas | キャンドル |

## Antártica
## 南極大陸

| | |
|---|---|
| Ambiente | 環境 |
| Água | 水 |
| Baía | ベイ |
| Científico | 科学的 |
| Conservação | 保全 |
| Continente | 大陸 |
| Enseada | 入り江 |
| Expedição | 遠征 |
| Geleiras | 氷河 |
| Gelo | 氷 |
| Geografia | 地理 |
| Ilhas | 島 |
| Investigador | 研究者 |
| Migração | 移行 |
| Minerais | ミネラル |
| Península | 半島 |
| Pinguins | ペンギン |
| Rochoso | ロッキー |
| Temperatura | 温度 |
| Topografia | 地形 |

## Arte
## 美術

| | |
|---|---|
| Cerâmica | セラミック |
| Complexo | 繁雑 |
| Composição | 構成 |
| Criar | 作成 |
| Escultura | 彫刻 |
| Expressão | 表現 |
| Honesto | 正直 |
| Humor | 気分 |
| Inspirado | インスパイヤされた |
| Original | オリジナル |
| Pessoal | 個人的 |
| Pinturas | 絵画 |
| Poesia | 詩 |
| Retratar | 描く |
| Símbolo | シンボル |
| Sujeito | 件名 |
| Surrealismo | シュルレアリスム |
| Visual | ビジュアル |

## Artes Visuais
## ビジュアルアーツ

| | |
|---|---|
| Argila | 粘土 |
| Arquitetura | 建築 |
| Artista | アーティスト |
| Caneta | ペン |
| Carvão | 炭 |
| Cavalete | イーゼル |
| Cera | ワックス |
| Composição | 構成 |
| Criatividade | 創造性 |
| Escultura | 彫刻 |
| Estêncil | ステンシル |
| Filme | 映画 |
| Fotografia | 写真 |
| Giz | チョーク |
| Lápis | 鉛筆 |
| Obra-Prima | 傑作 |
| Perspectiva | パースペクティブ |
| Pintura | 絵画 |
| Retrato | ポートレート |
| Verniz | ワニス |

## Astronomia
## 天文学

| | |
|---|---|
| Asteróide | 小惑星 |
| Astronauta | 宇宙飛行士 |
| Astrônomo | 天文学者 |
| Céu | 空 |
| Constelação | 星座 |
| Eclipse | 食 |
| Equinócio | 春分 |
| Foguete | ロケット |
| Galáxia | 銀河 |
| Gravidade | 重力 |
| Lua | 月 |
| Meteoro | 流星 |
| Nebulosa | 星雲 |
| Observatório | 天文台 |
| Planeta | 惑星 |
| Radiação | 放射線 |
| Solar | 太陽 |
| Supernova | 超新星 |
| Terra | 地球 |
| Universo | 宇宙 |

## Atividades
## アクティビティ

| | |
|---|---|
| Arte | アート |
| Artesanato | 工芸品 |
| Atividade | 活動 |
| Caca | 狩猟 |
| Caminhada | ハイキング |
| Fotografia | 写真撮影 |
| Habilidade | スキル |
| Interesses | 興味 |
| Jardinagem | 園芸 |
| Jogos | ゲーム |
| Lazer | レジャー |
| Lendo | 読書 |
| Magia | 魔法 |
| Pesca | 釣り |
| Pintura | 絵画 |
| Prazer | 喜び |
| Relaxamento | リラクゼーション |

## Atividades e Lazer
## アクティビティとレジャー

| | |
|---|---|
| Acampamento | キャンプ |
| Arte | アート |
| Basquete | バスケットボール |
| Beisebol | 野球 |
| Boxe | ボクシング |
| Caminhada | ハイキング |
| Corrida | レーシング |
| Futebol | サッカー |
| Golfe | ゴルフ |
| Hobbies | 趣味 |
| Jardinagem | 園芸 |
| Mergulho | ダイビング |
| Natação | 水泳 |
| Pesca | 釣り |
| Pintura | 絵画 |
| Relaxante | リラックス |
| Surfe | サーフィン |
| Tênis | テニス |
| Viagem | 旅行 |
| Voleibol | バレーボール |

## Aventura
### アドベンチャー

| | |
|---|---|
| Alegria | 喜び |
| Amigos | 友達 |
| Atividade | 活動 |
| Beleza | 美しさ |
| Bravura | 勇気 |
| Chance | チャンス |
| Desafios | 課題 |
| Destino | 行き先 |
| Dificuldade | 困難 |
| Entusiasmo | 熱意 |
| Excursão | 遠足 |
| Incomum | 珍しい |
| Itinerário | 旅程 |
| Natureza | 自然 |
| Navegação | ナビゲーション |
| Novo | 新着 |
| Oportunidade | 機会 |
| Perigoso | 危険な |
| Preparação | 準備 |
| Segurança | 安全性 |

## Aviões
### 飛行機

| | |
|---|---|
| Altitude | 高度 |
| Altura | 高さ |
| Ar | 空気 |
| Aterrissagem | 着陸 |
| Atmosfera | 雰囲気 |
| Aventura | 冒険 |
| Balão | バルーン |
| Céu | 空 |
| Combustível | 燃料 |
| Construção | 建設 |
| Descida | 降下 |
| Direção | 方向 |
| Hidrogênio | 水素 |
| História | 歴史 |
| Inflar | 膨らませる |
| Motor | エンジン |
| Passageiro | 旅客 |
| Piloto | パイロット |
| Tripulação | クルー |
| Turbulência | 乱流 |

## Água
### 水

| | |
|---|---|
| Canal | 運河 |
| Chuva | 雨 |
| Chuveiro | シャワー |
| Evaporação | 蒸発 |
| Furacão | ハリケーン |
| Geada | 霜 |
| Gelo | 氷 |
| Geyser | 間欠泉 |
| Inundação | 洪水 |
| Irrigação | 灌漑 |
| Lago | 湖 |
| Monção | モンスーン |
| Neve | 雪 |
| Oceano | 海洋 |
| Ondas | 波 |
| Potável | 飲める |
| Rio | 川 |
| Umidade | 湿度 |
| Vapor | 蒸気 |

## Balé
### バレエ

| | |
|---|---|
| Aplauso | 拍手 |
| Artístico | 芸術的 |
| Bailarina | バレリーナ |
| Compositor | 作曲家 |
| Coreografia | 振り付け |
| Dançarinos | ダンサー |
| Ensaio | リハーサル |
| Estilo | スタイル |
| Expressivo | 表現力豊かな |
| Gesto | ジェスチャー |
| Habilidade | スキル |
| Intensidade | 強度 |
| Músculos | 筋肉 |
| Música | 音楽 |
| Orquestra | オーケストラ |
| Prática | 練習 |
| Ritmo | リズム |
| Solo | ソロ |
| Técnica | 技術 |

## Banheiro
### バスルーム

| | |
|---|---|
| Água | 水 |
| Banheiro | トイレ |
| Banho | 浴 |
| Bolhas | 泡 |
| Chuveiro | シャワー |
| Espelho | 鏡 |
| Esponja | スポンジ |
| Loção | ローション |
| Perfume | 香水 |
| Sabão | 石鹸 |
| Tapete | ラグ |
| Tesoura | はさみ |
| Toalha | タオル |
| Torneira | 蛇口 |
| Vapor | 蒸気 |
| Xampu | シャンプー |

## Barcos
### ボート

| | |
|---|---|
| Âncora | アンカー |
| Balsa | フェリー |
| Bóia | ブイ |
| Caiaque | カヤック |
| Canoa | カヌー |
| Corda | ロープ |
| Doca | ドック |
| Iate | ヨット |
| Jangada | いかだ |
| Lago | 湖 |
| Mar | 海 |
| Maré | 潮 |
| Marinheiro | セーラー |
| Mastro | マスト |
| Motor | エンジン |
| Náutico | ノーティカル |
| Oceano | 海洋 |
| Ondas | 波 |
| Rio | 川 |
| Tripulação | クルー |

## Brinquedos
### おもちゃ

| | |
|---|---|
| Argila | 粘土 |
| Artesanato | 工芸品 |
| Avião | 飛行機 |
| Barco | ボート |
| Bateria | ドラム |
| Bicicleta | 自転車 |
| Bola | ボール |
| Boneca | 人形 |
| Caminhão | トラック |
| Carro | 車 |
| Favorito | お気に入り |
| Imaginação | 想像力 |
| Jogos | ゲーム |
| Livros | 書籍 |
| Pipa | 凧 |
| Robô | ロボット |
| Tintas | 塗料 |
| Xadrez | チェス |

## Caminhada
### ハイキング

| | |
|---|---|
| Acampamento | キャンプ |
| Animais | 動物 |
| Água | 水 |
| Botas | ブーツ |
| Cansado | 疲れた |
| Clima | 気候 |
| Guias | ガイド |
| Mapa | 地図 |
| Montanha | 山 |
| Mosquitos | 蚊 |
| Natureza | 自然 |
| Orientação | オリエンテーション |
| Parques | 公園 |
| Pedras | 石 |
| Penhasco | 崖 |
| Pesado | 重い |
| Preparação | 準備 |
| Selvagem | 野生 |
| Sol | 太陽 |
| Tempo | 天気 |

## Casa
### ハウス

| | |
|---|---|
| Biblioteca | 図書館 |
| Cerca | フェンス |
| Chaves | キー |
| Chuveiro | シャワー |
| Cortinas | カーテン |
| Cozinha | キッチン |
| Espelho | 鏡 |
| Garagem | ガレージ |
| Janela | 窓 |
| Jardim | 庭 |
| Lareira | 暖炉 |
| Mobiliário | 家具 |
| Parede | 壁 |
| Porta | ドア |
| Quarto | 部屋 |
| Sótão | 屋根裏 |
| Tapete | ラグ |
| Teto | 天井 |
| Torneira | 蛇口 |
| Vassoura | ほうき |

## Castelos
### お城

| | |
|---|---|
| Armadura | 鎧 |
| Catapulta | カタパルト |
| Cavaleiro | 騎士 |
| Cavalo | 馬 |
| Coroa | クラウン |
| Dinastia | 王朝 |
| Dragão | ドラゴン |
| Escudo | シールド |
| Espada | 剣 |
| Feudal | 封建 |
| Fortaleza | 要塞 |
| Império | 帝国 |
| Nobre | ノーブル |
| Palácio | 宮殿 |
| Parede | 壁 |
| Princesa | 王女 |
| Príncipe | 王子 |
| Reino | 王国 |
| Torre | タワー |
| Unicórnio | ユニコーン |

## Chocolate
### チョコレート

| | |
|---|---|
| Açúcar | 砂糖 |
| Amargo | 苦い |
| Amendoins | ピーナッツ |
| Antioxidante | 酸化防止剤 |
| Aroma | 香り |
| Artesanal | 職人 |
| Cacau | カカオ |
| Calorias | カロリー |
| Caramelo | カラメル |
| Coco | ココナッツ |
| Delicioso | 美味しい |
| Doce | 甘い |
| Exótico | エキゾチック |
| Favorito | お気に入り |
| Gosto | 味 |
| Ingrediente | 成分 |
| Pó | 粉 |
| Qualidade | 品質 |
| Receita | レシピ |

## Churrascos
### バーベキュー

| | |
|---|---|
| Almoço | ランチ |
| Convite | 招待 |
| Crianças | 子供達 |
| Facas | ナイフ |
| Família | 家族 |
| Fome | 飢餓 |
| Frango | チキン |
| Fruta | フルーツ |
| Grelha | グリル |
| Jantar | 夕食 |
| Jogos | ゲーム |
| Legumes | 野菜 |
| Molho | ソース |
| Música | 音楽 |
| Pimenta | コショウ |
| Quente | ホット |
| Sal | 塩 |
| Saladas | サラダ |
| Tomates | トマト |
| Verão | 夏 |

## Cidade
## 町

| | |
|---|---|
| Aeroporto | 空港 |
| Banco | 銀行 |
| Biblioteca | 図書館 |
| Cinema | シネマ |
| Escola | 学校 |
| Estádio | スタジアム |
| Farmácia | 薬局 |
| Florista | 花屋 |
| Galeria | ギャラリー |
| Hotel | ホテル |
| Jardim Zoológico | 動物園 |
| Livraria | 書店 |
| Mercado | 市場 |
| Museu | 博物館 |
| Padaria | ベーカリー |
| Restaurante | レストラン |
| Salão | サロン |
| Supermercado | スーパーマーケット |
| Teatro | 劇場 |
| Universidade | 大学 |

## Ciência
## 理科

| | |
|---|---|
| Átomo | 原子 |
| Cientista | 科学者 |
| Clima | 気候 |
| Dados | データ |
| Evolução | 進化 |
| Fato | 事実 |
| Física | 物理学 |
| Fóssil | 化石 |
| Gravidade | 重力 |
| Hipótese | 仮説 |
| Laboratório | 研究室 |
| Método | 方法 |
| Minerais | ミネラル |
| Moléculas | 分子 |
| Natureza | 自然 |
| Observação | 観察 |
| Organismo | 生物 |
| Partículas | 粒子 |
| Plantas | 植物 |
| Químico | 化学薬品 |

## Circo
## サーカス

| | |
|---|---|
| Acrobata | アクロバット |
| Animais | 動物 |
| Balões | 風船 |
| Bilhete | チケット |
| Desfile | パレード |
| Elefante | 象 |
| Espectador | 観客 |
| Espetacular | 壮観な |
| Leão | ライオン |
| Macaco | 猿 |
| Magia | 魔法 |
| Malabarista | ジャグラー |
| Música | 音楽 |
| Palhaço | ピエロ |
| Tenda | テント |
| Tigre | 虎 |
| Traje | コスチューム |
| Truque | トリック |

## Clima
## 天気

| | |
|---|---|
| Arco-Íris | 虹 |
| Atmosfera | 雰囲気 |
| Brisa | そよ風 |
| Céu | 空 |
| Clima | 気候 |
| Furacão | ハリケーン |
| Gelo | 氷 |
| Monção | モンスーン |
| Nevoeiro | 霧 |
| Nuvem | 雲 |
| Polar | 極性 |
| Relâmpago | 稲妻 |
| Seca | 旱魃 |
| Seco | ドライ |
| Temperatura | 温度 |
| Tempestade | 嵐 |
| Tornado | 竜巻 |
| Tropical | トロピカル |
| Trovão | 雷 |
| Vento | 風 |

## Comida # 2
## 食べ物 #2

| | |
|---|---|
| Alcachofra | アーティチョーク |
| Amêndoa | アーモンド |
| Arroz | 米 |
| Banana | バナナ |
| Beringela | 茄子 |
| Brócolis | ブロッコリー |
| Cereja | チェリー |
| Chocolate | チョコレート |
| Cogumelo | キノコ |
| Frango | チキン |
| Iogurte | ヨーグルト |
| Kiwi | キウイ |
| Maçã | アップル |
| Ovo | 卵 |
| Peixe | 魚 |
| Presunto | ハム |
| Queijo | チーズ |
| Tomate | トマト |
| Trigo | 小麦 |
| Uva | 葡萄 |

## Comida #1
## 食べ物 #1

| | |
|---|---|
| Açúcar | 砂糖 |
| Alho | ニンニク |
| Amendoim | 落花生 |
| Atum | ツナ |
| Bolo | ケーキ |
| Canela | シナモン |
| Cebola | 玉葱 |
| Cenoura | にんじん |
| Cevada | オオムギ |
| Damasco | アプリコット |
| Espinafre | ほうれん草 |
| Leite | ミルク |
| Limão | レモン |
| Manjericão | バジル |
| Morango | 苺 |
| Nabo | カブ |
| Sal | 塩 |
| Salada | サラダ |
| Sopa | スープ |
| Suco | ジュース |

## Conservação
保全

| | |
|---|---|
| **Ambiental** | 環境 |
| **Água** | 水 |
| **Ciclo** | サイクル |
| **Clima** | 気候 |
| **Ecossistema** | 生態系 |
| **Educação** | 教育 |
| **Habitat** | 生息地 |
| **Natural** | ナチュラル |
| **Orgânico** | 有機 |
| **Pesticida** | 農薬 |
| **Poluição** | 汚染 |
| **Reciclar** | リサイクル |
| **Reduzir** | 削減 |
| **Saúde** | 健康 |
| **Sustentável** | 持続可能 |
| **Verde** | 緑 |
| **Voluntário** | ボランティア |

## Cores
[色]

| | |
|---|---|
| **Amarelo** | 黄色 |
| **Azul** | 青 |
| **Bege** | ベージュ |
| **Branco** | 白い |
| **Carmesim** | クリムゾン |
| **Ciano** | シアン |
| **Cinza** | グレー |
| **Fuchsia** | フクシア |
| **Laranja** | オレンジ |
| **Magenta** | マゼンタ |
| **Marrom** | 茶色 |
| **Preto** | ブラック |
| **Rosa** | ピンク |
| **Roxo** | 紫 |
| **Sépia** | セピア |
| **Verde** | 緑 |
| **Vermelho** | 赤 |
| **Violeta** | バイオレット |

## Corpo Humano
人体

| | |
|---|---|
| **Boca** | 口 |
| **Cabeça** | 頭 |
| **Cérebro** | 脳 |
| **Coração** | 心臓 |
| **Cotovelo** | 肘 |
| **Dedo** | 指 |
| **Joelho** | 膝 |
| **Lábios** | 唇 |
| **Mão** | 手 |
| **Nariz** | 鼻 |
| **Olho** | 目 |
| **Ombro** | 肩 |
| **Orelha** | 耳 |
| **Pele** | 肌 |
| **Perna** | 足 |
| **Pescoço** | 首 |
| **Queixo** | 顎 |
| **Sangue** | 血 |
| **Testa** | 額 |
| **Tornozelo** | 足首 |

## Cozinha
キッチン

| | |
|---|---|
| **Avental** | エプロン |
| **Chaleira** | ケトル |
| **Colheres** | スプーン |
| **Cups** | カップ |
| **Especiarias** | スパイス |
| **Esponja** | スポンジ |
| **Facas** | ナイフ |
| **Forno** | オーブン |
| **Freezer** | 冷凍庫 |
| **Garfos** | フォーク |
| **Geladeira** | 冷蔵庫 |
| **Grelha** | グリル |
| **Guardanapo** | ナプキン |
| **Jar** | 瓶 |
| **Jarro** | 水差し |
| **Pauzinhos** | 箸 |
| **Receita** | レシピ |
| **Tigela** | ボウル |

## Dança
ダンス

| | |
|---|---|
| **Academia** | アカデミー |
| **Arte** | アート |
| **Clássico** | クラシック |
| **Coreografia** | 振り付け |
| **Corpo** | 体 |
| **Cultura** | 文化 |
| **Emoção** | 感情 |
| **Ensaio** | リハーサル |
| **Expressivo** | 表現力豊かな |
| **Movimento** | 動き |
| **Música** | 音楽 |
| **Parceiro** | パートナー |
| **Postura** | 姿勢 |
| **Ritmo** | リズム |
| **Tradicional** | 伝統的 |
| **Visual** | ビジュアル |

## Dias e Meses
日と月

| | |
|---|---|
| **Abril** | エイプリル |
| **Agosto** | 八月 |
| **Ano** | 年 |
| **Calendário** | カレンダー |
| **Domingo** | 日曜日 |
| **Fevereiro** | 二月 |
| **Julho** | 七月 |
| **Junho** | 六月 |
| **Maio** | 五月 |
| **Março** | 行進 |
| **Mês** | 月 |
| **Novembro** | 十一月 |
| **Quarta-Feira** | 水曜日 |
| **Quinta-Feira** | 木曜日 |
| **Sábado** | 土曜日 |
| **Segunda-Feira** | 月曜日 |
| **Semana** | 週 |
| **Setembro** | セプテンバー |
| **Sexta-Feira** | 金曜日 |
| **Terça** | 火曜日 |

## Dinossauros
### 恐竜

| | |
|---|---|
| Asas | 翼 |
| Carnívoro | 肉食動物 |
| Cauda | 尾 |
| Desaparecimento | 失踪 |
| Enorme | 巨大な |
| Espécies | 種 |
| Evolução | 進化 |
| Fósseis | 化石 |
| Grande | 大きい |
| Herbívoro | 草食動物 |
| Mamute | マンモス |
| Onívoro | 雑食 |
| Poderoso | 強力な |
| Presa | 獲物 |
| Pré-Histórico | 先史時代 |
| Raptor | ラプター |
| Réptil | 爬虫類 |
| Tamanho | サイズ |
| Terra | 地球 |

## Dirigindo
### 運転

| | |
|---|---|
| Acidente | 事故 |
| Caminhão | トラック |
| Carro | 車 |
| Combustível | 燃料 |
| Cuidado | 注意 |
| Estrada | 道 |
| Freios | ブレーキ |
| Garagem | ガレージ |
| Gás | ガス |
| Licença | ライセンス |
| Mapa | 地図 |
| Motocicleta | オートバイ |
| Motor | モーター |
| Pedestre | 歩行者 |
| Perigo | 危険 |
| Polícia | 警察 |
| Rua | ストリート |
| Segurança | 安全性 |
| Tráfego | 交通 |
| Túnel | トンネル |

## Disciplinas Científicas
### 科学分野

| | |
|---|---|
| Anatomia | 解剖学 |
| Arqueologia | 考古学 |
| Astronomia | 天文学 |
| Biologia | 生物学 |
| Bioquímica | 生化学 |
| Botânica | 植物学 |
| Cinesiologia | キネシオロジー |
| Ecologia | 生態学 |
| Fisiologia | 生理 |
| Geologia | 地質学 |
| Imunologia | 免疫学 |
| Linguística | 言語学 |
| Meteorologia | 気象学 |
| Mineralogia | 鉱物学 |
| Neurologia | 神経学 |
| Psicologia | 心理学 |
| Química | 化学 |
| Sociologia | 社会学 |
| Termodinâmica | 熱力学 |
| Zoologia | 動物学 |

## Ecologia
### エコロジー

| | |
|---|---|
| Clima | 気候 |
| Comunidades | コミュニティ |
| Diversidade | 多様性 |
| Espécies | 種 |
| Fauna | 動物相 |
| Flora | フローラ |
| Global | グローバル |
| Habitat | 生息地 |
| Marinho | マリン |
| Montanhas | 山 |
| Natural | ナチュラル |
| Natureza | 自然 |
| Pântano | マーシュ |
| Plantas | 植物 |
| Recursos | リソース |
| Seca | 旱魃 |
| Sobrevivência | 生存 |
| Sustentável | 持続可能 |
| Vegetação | 植生 |
| Voluntários | ボランティア |

## Edifícios
### 建物

| | |
|---|---|
| Apartamento | アパート |
| Castelo | 城 |
| Celeiro | 納屋 |
| Cinema | シネマ |
| Embaixada | 大使館 |
| Escola | 学校 |
| Estádio | スタジアム |
| Fazenda | 農場 |
| Fábrica | 工場 |
| Garagem | ガレージ |
| Hospital | 病院 |
| Hotel | ホテル |
| Laboratório | 研究室 |
| Museu | 博物館 |
| Observatório | 天文台 |
| Supermercado | スーパーマーケット |
| Teatro | 劇場 |
| Tenda | テント |
| Torre | タワー |
| Universidade | 大学 |

## Emoções
### 感情

| | |
|---|---|
| Alegria | 喜び |
| Amor | 愛 |
| Bem-Aventurança | 至福 |
| Bondade | 親切 |
| Conteúdo | コンテンツ |
| Envergonhado | 恥ずかしい |
| Grato | 感謝しています |
| Medo | 恐怖 |
| Paz | 平和 |
| Raiva | 怒り |
| Satisfeito | 満足 |
| Simpatia | 同情 |
| Ternura | 優しさ |
| Tédio | 退屈 |
| Tranquilidade | 静けさ |
| Tristeza | 悲しみ |

## Escalada
## クライミング

| | |
|---|---|
| Altitude | 高度 |
| Atmosfera | 雰囲気 |
| Botas | ブーツ |
| Caminhada | ハイキング |
| Capacete | ヘルメット |
| Caverna | 洞窟 |
| Curiosidade | 好奇心 |
| Desafios | 課題 |
| Especialista | 専門家 |
| Estabilidade | 安定性 |
| Estreito | 狭い |
| Força | 強さ |
| Guias | ガイド |
| Luvas | 手袋 |
| Mapa | 地図 |
| Terreno | 地形 |

## Escola # 2
## スクール #2

| | |
|---|---|
| Acadêmico | アカデミック |
| Amigos | 友達 |
| Biblioteca | 図書館 |
| Calendário | カレンダー |
| Ciência | 科学 |
| Computador | コンピュータ |
| Dicionário | 辞書 |
| Educação | 教育 |
| Gramática | 文法 |
| Jogos | ゲーム |
| Lápis | 鉛筆 |
| Leitura | 読書 |
| Literatura | 文学 |
| Livros | 書籍 |
| Matemática | 数学 |
| Mochila | バックパック |
| Papel | 紙 |
| Professor | 先生 |
| Suprimentos | 消耗品 |
| Tesoura | はさみ |

## Escola #1
## スクール #1

| | |
|---|---|
| Alfabeto | アルファベット |
| Almoço | ランチ |
| Amigos | 友達 |
| Aprender | 学ぶために |
| Biblioteca | 図書館 |
| Cadeira | 椅子 |
| Canetas | ペン |
| Exames | 試験 |
| Lápis | 鉛筆 |
| Livros | 書籍 |
| Marcadores | マーカー |
| Matemática | 数学 |
| Mesa | 机 |
| Números | 数字 |
| Papel | 紙 |
| Pastas | フォルダー |
| Professor | 先生 |
| Questionário | クイズ |
| Respostas | 答え |

## Especiarias
## スパイス

| | |
|---|---|
| Açafrão | サフラン |
| Alcaçuz | 甘草 |
| Alho | ニンニク |
| Amargo | 苦い |
| Anis | アニス |
| Azedo | サワー |
| Baunilha | バニラ |
| Canela | シナモン |
| Cardamomo | カルダモン |
| Caril | カレー |
| Cebola | 玉葱 |
| Coentro | コリアンダー |
| Cominho | クミン |
| Doce | 甘い |
| Funcho | フェンネル |
| Gengibre | ショウガ |
| Noz-Moscada | ナツメグ |
| Pimenta | コショウ |
| Sabor | 味 |
| Sal | 塩 |

## Esportes
## スポーツ

| | |
|---|---|
| Atleta | アスリート |
| Árbitro | 審判 |
| Basquete | バスケットボール |
| Beisebol | 野球 |
| Bicicleta | 自転車 |
| Campeonato | チャンピオンシップ |
| Equipe | チーム |
| Estádio | スタジアム |
| Ganhador | 勝者 |
| Ginásio | 体育館 |
| Ginástica | 体操 |
| Golfe | ゴルフ |
| Hóquei | ホッケー |
| Jogador | プレーヤー |
| Jogo | ゲーム |
| Movimento | 動き |
| Tênis | テニス |
| Treinador | コーチ |

## Exploração
## 探検

| | |
|---|---|
| Animais | 動物 |
| Aprender | 学ぶために |
| Atividade | 活動 |
| Coragem | 勇気 |
| Culturas | 文化 |
| Descoberta | 発見 |
| Desconhecido | 不明 |
| Determinação | 決定 |
| Distante | 遠い |
| Espaço | スペース |
| Excitação | 興奮 |
| Língua | 言語 |
| Novo | 新着 |
| Selvagem | 野生 |
| Terreno | 地形 |
| Viagem | 旅行 |

## Família
ファミリー

| | |
|---|---|
| Antepassado | 祖先 |
| Avó | おばあちゃん |
| Criança | 子供 |
| Crianças | 子供達 |
| Esposa | 妻 |
| Filha | 娘 |
| Infância | 子供の頃 |
| Irmã | 姉妹 |
| Irmão | 兄弟 |
| Marido | 夫 |
| Materno | 母性 |
| Mãe | 母 |
| Neto | 孫 |
| Pai | 父 |
| Paterno | 父方の |
| Primo | いとこ |
| Sobrinha | 姪 |
| Sobrinho | 甥 |
| Tia | 叔母 |
| Tio | 叔父 |

## Fazenda #1
ファーム #1

| | |
|---|---|
| Abelha | 蜂 |
| Agricultura | 農業 |
| Arroz | 米 |
| Água | 水 |
| Bezerro | ふくらはぎ |
| Burro | ロバ |
| Cabra | ヤギ |
| Campo | フィールド |
| Cavalo | 馬 |
| Cão | 犬 |
| Cerca | フェンス |
| Corvo | カラス |
| Feno | ヘイ |
| Fertilizante | 肥料 |
| Frango | チキン |
| Gato | 猫 |
| Mel | 蜂蜜 |
| Porco | 豚 |
| Rebanho | 群れ |
| Vaca | 牛 |

## Fazenda #2
ファーム #2

| | |
|---|---|
| Agricultor | 農家 |
| Animais | 動物 |
| Celeiro | 納屋 |
| Cevada | オオムギ |
| Colmeia | 蜂の巣 |
| Cordeiro | 子羊 |
| Fruta | フルーツ |
| Ganso | ガチョウ |
| Irrigação | 灌漑 |
| Leite | ミルク |
| Lhama | ラマ |
| Milho | コーン |
| Ovelha | 羊 |
| Pastor | 羊飼い |
| Pato | アヒル |
| Pomar | オーチャード |
| Prado | 牧草地 |
| Trator | トラクター |
| Trigo | 小麦 |
| Vegetal | 野菜 |

## Ferramentas
ツール

| | |
|---|---|
| Alicate | ペンチ |
| Cabo | ケーブル |
| Cola | のり |
| Corda | ロープ |
| Escada | はしご |
| Faca | ナイフ |
| Grampeador | ステープラー |
| Grampo | ステープル |
| Machado | 斧 |
| Malho | マレット |
| Martelo | ハンマー |
| Navalha | かみそり |
| Parafuso | ねじ |
| Pá | シャベル |
| Roda | ホイール |
| Tesoura | はさみ |
| Tocha | トーチ |

## Ferramentas de Cozinha
クッキングツール

| | |
|---|---|
| Chaleira | ケトル |
| Coador | ザル |
| Colher | スプーン |
| Espátula | スパチュラ |
| Espremedor | ジューサー |
| Faca | ナイフ |
| Fogão | ストーブ |
| Forno | オーブン |
| Garfo | フォーク |
| Geladeira | 冷蔵庫 |
| Liquidificador | ブレンダー |
| Ralador | おろし金 |
| Talheres | カトラリー |
| Tampa | 蓋 |
| Termômetro | 温度計 |
| Tesoura | はさみ |
| Torradeira | トースター |

## Férias #1
バケーション #1

| | |
|---|---|
| Alfândega | 税関 |
| Avião | 飛行機 |
| Bilhete | チケット |
| Bonde | 路面電車 |
| Carro | 車 |
| Expedição | 遠征 |
| Guarda-Chuva | 傘 |
| Itinerário | 旅程 |
| Lago | 湖 |
| Mala | スーツケース |
| Mochila | バックパック |
| Moeda | 通貨 |
| Museu | 博物館 |
| Partida | 出発 |
| Relaxamento | リラクゼーション |
| Turista | ツーリスト |

## Férias #2
### バケーション #2

| | |
|---|---|
| Aeroporto | 空港 |
| Destino | 行き先 |
| Estrangeiro | 外国人 |
| Feriado | 休日 |
| Fotos | 写真 |
| Hotel | ホテル |
| Ilha | 島 |
| Lazer | レジャー |
| Mapa | 地図 |
| Mar | 海 |
| Montanhas | 山 |
| Passaporte | パスポート |
| Praia | ビーチ |
| Reservas | 予約 |
| Restaurante | レストラン |
| Táxi | タクシー |
| Tenda | テント |
| Transporte | 交通 |
| Viagem | 旅 |
| Visto | ビザ |

## Ficção Científica
### サイエンス・フィクション

| | |
|---|---|
| Atómico | アトミック |
| Cinema | シネマ |
| Distante | 遠い |
| Distopia | ディストピア |
| Explosão | 爆発 |
| Fantástico | 素晴らしい |
| Fogo | 火 |
| Futurista | 未来的 |
| Galáxia | 銀河 |
| Ilusão | イリュージョン |
| Imaginário | 虚数 |
| Livros | 書籍 |
| Misterioso | 神秘的な |
| Mundo | 世界 |
| Oráculo | オラクル |
| Planeta | 惑星 |
| Realista | 現実的 |
| Robôs | ロボット |
| Tecnologia | 技術 |
| Utopia | ユートピア |

## Flores
### 花々

| | |
|---|---|
| Buquê | 花束 |
| Dente-De-Leão | タンポポ |
| Gardênia | クチナシ |
| Girassol | ひまわり |
| Hibisco | ハイビスカス |
| Jasmim | ジャスミン |
| Lavanda | ラベンダー |
| Lilás | ライラック |
| Lírio | 百合 |
| Magnólia | マグノリア |
| Margarida | デイジー |
| Orquídea | 蘭 |
| Papoula | ポピー |
| Peônia | 牡丹 |
| Pétala | 花弁 |
| Plumeria | プルメリア |
| Trevo | クローバー |
| Tulipa | チューリップ |

## Floresta Tropical
### レインフォレスト

| | |
|---|---|
| Anfíbios | 両生類 |
| Botânico | 植物 |
| Clima | 気候 |
| Comunidade | コミュニティ |
| Diversidade | 多様性 |
| Espécies | 種 |
| Indígena | 先住民族 |
| Insetos | 虫 |
| Mamíferos | 哺乳類 |
| Musgo | 苔 |
| Natureza | 自然 |
| Nuvens | 雲 |
| Pássaros | 鳥 |
| Preservação | 保存 |
| Refúgio | 避難 |
| Respeito | 尊敬 |
| Restauração | 復元 |
| Selva | ジャングル |
| Sobrevivência | 生存 |
| Valioso | 貴重 |

## Formas
### シェイプ

| | |
|---|---|
| Arco | アーク |
| Canto | コーナー |
| Cilindro | シリンダー |
| Círculo | 円 |
| Cone | 円錐 |
| Cubo | 三乗 |
| Curva | 曲線 |
| Elipse | 楕円 |
| Hipérbole | 双曲線 |
| Lado | 側 |
| Linha | ライン |
| Oval | 楕円形 |
| Pirâmide | ピラミッド |
| Polígono | 多角形 |
| Prisma | プリズム |
| Retângulo | 矩形 |
| Triângulo | 三角形 |

## Frutas
### フルーツ

| | |
|---|---|
| Abacate | アボカド |
| Abacaxi | パイナップル |
| Amora | ブラックベリー |
| Baga | ベリー |
| Banana | バナナ |
| Cereja | チェリー |
| Coco | ココナッツ |
| Damasco | アプリコット |
| Figo | イチジク |
| Framboesa | ラズベリー |
| Kiwi | キウイ |
| Laranja | オレンジ |
| Limão | レモン |
| Maçã | アップル |
| Mamão | パパイヤ |
| Manga | マンゴー |
| Nectarina | ネクタリン |
| Pera | 梨 |
| Pêssego | 桃 |
| Uva | 葡萄 |

## Geografia
### 地理学

| | |
|---|---|
| Altitude | 高度 |
| Atlas | アトラス |
| Cidade | 市 |
| Continente | 大陸 |
| Hemisfério | 半球 |
| Ilha | 島 |
| Latitude | 緯度 |
| Mapa | 地図 |
| Mar | 海 |
| Meridiano | 子午線 |
| Montanha | 山 |
| Mundo | 世界 |
| Norte | 北 |
| Oceano | 海洋 |
| Oeste | 西 |
| País | 国 |
| Região | 領域 |
| Rio | 川 |
| Sul | 南 |
| Território | 地域 |

## Geologia
### 地質学

| | |
|---|---|
| Ácido | 酸 |
| Camada | 層 |
| Caverna | 洞窟 |
| Cálcio | カルシウム |
| Continente | 大陸 |
| Coral | コーラル |
| Cristais | 結晶 |
| Erosão | 侵食 |
| Estalactite | 鍾乳石 |
| Estalagmites | 石筍 |
| Fóssil | 化石 |
| Lava | 溶岩 |
| Minerais | ミネラル |
| Pedra | 石 |
| Platô | 高原 |
| Quartzo | 石英 |
| Sal | 塩 |
| Terremoto | 地震 |
| Vulcão | 火山 |
| Zona | ゾーン |

## Herbalismo
### 本草学

| | |
|---|---|
| Açafrão | サフラン |
| Alecrim | ローズマリー |
| Alho | ニンニク |
| Aromático | 芳香族 |
| Benéfico | 有益 |
| Coentro | コリアンダー |
| Estragão | タラゴン |
| Flor | 花 |
| Funcho | フェンネル |
| Ingrediente | 成分 |
| Jardim | 庭 |
| Lavanda | ラベンダー |
| Manjericão | バジル |
| Manjerona | マージョラム |
| Planta | 植物 |
| Qualidade | 品質 |
| Sabor | 味 |
| Salsa | パセリ |
| Tomilho | タイム |
| Verde | 緑 |

## Insetos
### 昆虫

| | |
|---|---|
| Abelha | 蜂 |
| Barata | ゴキブリ |
| Besouro | 甲虫 |
| Borboleta | 蝶 |
| Cigarra | 蝉 |
| Cupim | シロアリ |
| Formiga | 蟻 |
| Gafanhoto | バッタ |
| Joaninha | てんとう虫 |
| Larva | 幼虫 |
| Libélula | トンボ |
| Louva-A-Deus | カマキリ |
| Mariposa | 蛾 |
| Minhoca | ワーム |
| Mosquito | 蚊 |
| Pulga | ノミ |
| Pulgão | アブラムシ |
| Vespa | スズメバチ |

## Instrumentos Musicais
### 楽器

| | |
|---|---|
| Bandolim | マンドリン |
| Banjo | バンジョー |
| Clarinete | クラリネット |
| Fagote | ファゴット |
| Flauta | フルート |
| Gaita | ハーモニカ |
| Gongo | ゴング |
| Harpa | ハープ |
| Marimba | マリンバ |
| Oboé | オーボエ |
| Pandeiro | タンバリン |
| Percussão | パーカッション |
| Piano | ピアノ |
| Saxofone | サックス |
| Tambor | ドラム |
| Trombone | トロンボーン |
| Trompete | トランペット |
| Violão | ギター |
| Violino | バイオリン |
| Violoncelo | チェロ |

## Jardim
### ガーデン

| | |
|---|---|
| Ancinho | 熊手 |
| Arbusto | ブッシュ |
| Árvore | 木 |
| Banco | ベンチ |
| Cerca | フェンス |
| Ervas Daninhas | 雑草 |
| Flor | 花 |
| Garagem | ガレージ |
| Grama | 草 |
| Gramado | 芝生 |
| Jardim | 庭 |
| Lagoa | 池 |
| Maca | ハンモック |
| Mangueira | ホース |
| Pá | シャベル |
| Pomar | オーチャード |
| Solo | 土 |
| Terraço | テラス |
| Trampolim | トランポリン |
| Varanda | ポーチ |

## Literatura
### 文学

| | |
|---|---|
| Analogia | 類推 |
| Análise | 分析 |
| Anedota | 逸話 |
| Autor | 著者 |
| Biografia | 伝記 |
| Comparação | 比較 |
| Conclusão | 結論 |
| Descrição | 説明 |
| Diálogo | 対話 |
| Estilo | スタイル |
| Ficção | フィクション |
| Metáfora | 比喩 |
| Narrador | ナレーター |
| Opinião | 意見 |
| Poema | 詩 |
| Rima | 韻 |
| Ritmo | リズム |
| Romance | 小説 |
| Tema | テーマ |
| Tragédia | 悲劇 |

## Livros
### 書籍

| | |
|---|---|
| Autor | 著者 |
| Aventura | 冒険 |
| Coleção | コレクション |
| Dualidade | 二重性 |
| Escrito | 書かれた |
| Épico | エピック |
| História | ストーリー |
| Histórico | 歴史的 |
| Inventivo | 発明 |
| Leitor | 読者 |
| Literário | 文学 |
| Narrador | ナレーター |
| Palavras | 言葉 |
| Página | ページ |
| Personagem | キャラクター |
| Poesia | 詩 |
| Relevante | 関連する |
| Romance | 小説 |
| Série | シリーズ |
| Trágico | 悲劇的 |

## Mamíferos
### 哺乳類

| | |
|---|---|
| Baleia | 鯨 |
| Camelo | キャメル |
| Canguru | カンガルー |
| Castor | ビーバー |
| Cavalo | 馬 |
| Cão | 犬 |
| Coelho | うさぎ |
| Coiote | コヨーテ |
| Elefante | 象 |
| Gato | 猫 |
| Girafa | キリン |
| Golfinho | イルカ |
| Gorila | ゴリラ |
| Leão | ライオン |
| Lobo | 狼 |
| Macaco | 猿 |
| Ovelha | 羊 |
| Raposa | 狐 |
| Touro | ブル |
| Zebra | シマウマ |

## Matemática
### 数学

| | |
|---|---|
| Aritmética | 算術 |
| Ângulos | 角度 |
| Circunferência | 円周 |
| Decimal | 小数 |
| Diâmetro | 直径 |
| Equação | 方程式 |
| Expoente | 指数 |
| Fração | 分数 |
| Geometria | 幾何学 |
| Paralelo | 平行 |
| Paralelogramo | 平行四辺形 |
| Perímetro | 周囲 |
| Perpendicular | 垂直 |
| Polígono | 多角形 |
| Raio | 半径 |
| Retângulo | 矩形 |
| Simetria | 対称 |
| Soma | 和 |
| Triângulo | 三角形 |
| Volume | ボリューム |

## Material de Arte
### アートサプライ

| | |
|---|---|
| Acrílico | アクリル |
| Apagador | 消しゴム |
| Aquarelas | 水彩画 |
| Argila | 粘土 |
| Água | 水 |
| Cadeira | 椅子 |
| Carvão | 炭 |
| Cavalete | イーゼル |
| Câmera | カメラ |
| Cola | のり |
| Cores | 色 |
| Criatividade | 創造性 |
| Escovas | ブラシ |
| Lápis | 鉛筆 |
| Mesa | テーブル |
| Óleo | 油 |
| Papel | 紙 |
| Pastels | パステル |
| Tinta | インク |
| Tintas | 塗料 |

## Medições
### 測定値

| | |
|---|---|
| Altura | 高さ |
| Byte | バイト |
| Centímetro | センチメートル |
| Comprimento | 長さ |
| Decimal | 小数 |
| Grama | グラム |
| Grau | 度 |
| Largura | 幅 |
| Litro | リットル |
| Massa | 質量 |
| Metro | メーター |
| Minuto | 分 |
| Onça | オンス |
| Peso | 重さ |
| Polegada | インチ |
| Profundidade | 深さ |
| Quilograma | キログラム |
| Quilômetro | キロメートル |
| Tonelada | トン |
| Volume | ボリューム |

## Meditação
### 瞑想

| | |
|---|---|
| Aceitação | 受け入れ |
| Atenção | 注意 |
| Bondade | 親切 |
| Clareza | 明快 |
| Compaixão | 思いやり |
| Emoções | 感情 |
| Ensinamentos | 教え |
| Gratidão | 感謝 |
| Hábitos | 習慣 |
| Mental | メンタル |
| Mente | マインド |
| Movimento | 動き |
| Música | 音楽 |
| Natureza | 自然 |
| Observação | 観察 |
| Paz | 平和 |
| Pensamentos | 思考 |
| Perspectiva | パースペクティブ |
| Postura | 姿勢 |
| Silêncio | 沈黙 |

## Mitologia
### 神話

| | |
|---|---|
| Arquétipo | 原型 |
| Ciúmes | 嫉妬 |
| Comportamento | 行動 |
| Criação | 作成 |
| Criatura | 生き物 |
| Cultura | 文化 |
| Desastre | 災害 |
| Força | 強さ |
| Guerreiro | 戦士 |
| Heroína | ヒロイン |
| Herói | ヒーロー |
| Imortalidade | 不死 |
| Labirinto | ラビリンス |
| Lenda | 伝説 |
| Mágico | 魔法の |
| Monstro | モンスター |
| Mortal | モータル |
| Relâmpago | 稲妻 |
| Trovão | 雷 |
| Vingança | 復讐 |

## Móveis
### 家具

| | |
|---|---|
| Almofada | 枕 |
| Almofadas | クッション |
| Banco | ベンチ |
| Cadeira | 椅子 |
| Cama | ベッド |
| Colchão | マットレス |
| Cortinas | カーテン |
| Cômoda | ドレッサー |
| Espelho | 鏡 |
| Estante | 本棚 |
| Futon | 布団 |
| Maca | ハンモック |
| Mesa | 机 |
| Poltrona | アームチェア |
| Prateleiras | 棚 |
| Sofá | ソファ |
| Tapete | ラグ |

## Natureza
### 自然

| | |
|---|---|
| Abelhas | 蜂 |
| Abrigo | シェルター |
| Animais | 動物 |
| Ártico | 北極 |
| Beleza | 美しさ |
| Deserto | 砂漠 |
| Dinâmico | 動的 |
| Erosão | 侵食 |
| Floresta | 森 |
| Folhagem | 葉 |
| Geleira | 氷河 |
| Nevoeiro | 霧 |
| Nuvens | 雲 |
| Pacífico | 平和 |
| Rio | 川 |
| Santuário | サンクチュアリ |
| Selvagem | 野生 |
| Sereno | 穏やか |
| Tropical | トロピカル |
| Vital | 重要 |

## Nutrição
### 栄養

| | |
|---|---|
| Amargo | 苦い |
| Apetite | 食欲 |
| Calorias | カロリー |
| Carboidratos | 炭水化物 |
| Comestível | 食用 |
| Dieta | ダイエット |
| Digestão | 消化 |
| Equilibrado | バランス |
| Fermentação | 発酵 |
| Líquidos | 液体 |
| Molho | ソース |
| Nutriente | 栄養素 |
| Peso | 重さ |
| Proteínas | タンパク質 |
| Qualidade | 品質 |
| Sabor | 味 |
| Saudável | 元気 |
| Saúde | 健康 |
| Toxina | 毒素 |
| Vitamina | ビタミン |

## Números
### 数字

| | |
|---|---|
| Cinco | 五 |
| Decimal | 小数 |
| Dez | 十 |
| Dezesseis | 十六 |
| Dezessete | セブンティーン |
| Dezoito | 十八 |
| Dois | 二 |
| Doze | 十二 |
| Nove | 九 |
| Oito | 八 |
| Quatorze | 十四 |
| Quatro | 四 |
| Quinze | 十五 |
| Seis | 六 |
| Sete | セブン |
| Treze | 十三 |
| Três | 三 |
| Um | 一 |
| Vinte | 二十 |
| Zero | ゼロ |

## Oceano
### 海洋

| | |
|---|---|
| Atum | ツナ |
| Baleia | 鯨 |
| Barco | ボート |
| Camarão | エビ |
| Caranguejo | カニ |
| Coral | コーラル |
| Enguia | うなぎ |
| Esponja | スポンジ |
| Golfinho | イルカ |
| Marés | 潮汐 |
| Medusa | クラゲ |
| Ondas | 波 |
| Ostra | カキ |
| Peixe | 魚 |
| Polvo | たこ |
| Recife | リーフ |
| Sal | 塩 |
| Tartaruga | カメ |
| Tempestade | 嵐 |
| Tubarão | 鮫 |

## Outono
### 秋

| | |
|---|---|
| Bolota | どんぐり |
| Castanhas | 栗 |
| Clima | 気候 |
| Equinócio | 春分 |
| Festival | 祭り |
| Geada | 霜 |
| Incêndios | 火災 |
| Maçãs | りんご |
| Meses | 月 |
| Migração | 移行 |
| Natureza | 自然 |
| Pomar | オーチャード |
| Roupa | 衣類 |
| Sazonal | 季節 |
| Tempo | 天気 |

## Paisagens
### 風景

| | |
|---|---|
| Cascata | 滝 |
| Caverna | 洞窟 |
| Colina | 丘 |
| Deserto | 砂漠 |
| Geleira | 氷河 |
| Golfo | 湾 |
| Iceberg | 氷山 |
| Ilha | 島 |
| Lago | 湖 |
| Mar | 海 |
| Montanha | 山 |
| Oásis | オアシス |
| Oceano | 海洋 |
| Pântano | 沼 |
| Península | 半島 |
| Praia | ビーチ |
| Rio | 川 |
| Tundra | ツンドラ |
| Vale | 谷 |
| Vulcão | 火山 |

## Países #2
### 国 #2

| | |
|---|---|
| Albânia | アルバニア |
| Dinamarca | デンマーク |
| França | フランス |
| Grécia | ギリシャ |
| Haiti | ハイチ |
| Indonésia | インドネシア |
| Irlanda | アイルランド |
| Jamaica | ジャマイカ |
| Japão | 日本 |
| Laos | ラオス |
| Líbano | レバノン |
| México | メキシコ |
| Nepal | ネパール |
| Nigéria | ナイジェリア |
| Paquistão | パキスタン |
| Rússia | ロシア |
| Síria | シリア |
| Somália | ソマリア |
| Ucrânia | ウクライナ |
| Uganda | ウガンダ |

## Pássaros
### 鳥類

| | |
|---|---|
| Avestruz | ダチョウ |
| Águia | 鷲 |
| Canário | カナリア |
| Cegonha | コウノトリ |
| Cisne | 白鳥 |
| Corvo | カラス |
| Cuco | カッコウ |
| Flamingo | フラミンゴ |
| Frango | チキン |
| Gaivota | カモメ |
| Ganso | ガチョウ |
| Garça | サギ |
| Ovo | 卵 |
| Papagaio | オウム |
| Pardal | スズメ |
| Pato | アヒル |
| Pavão | 孔雀 |
| Pelicano | ペリカン |
| Pinguim | ペンギン |
| Tucano | オオハシ |

## Pesca
### 釣り

| | |
|---|---|
| Água | 水 |
| Barbatanas | フィン |
| Barco | ボート |
| Brânquias | えら |
| Cesta | バスケット |
| Exagero | 過言 |
| Fio | ワイヤー |
| Gancho | フック |
| Isca | 餌 |
| Lago | 湖 |
| Mandíbula | 顎 |
| Oceano | 海洋 |
| Paciência | 忍耐 |
| Peso | 重さ |
| Praia | ビーチ |
| Rio | 川 |
| Temporada | 季節 |

## Piratas
## パイレーツ

| | |
|---|---|
| Aventura | 冒険 |
| Âncora | アンカー |
| Bússola | コンパス |
| Capitão | キャプテン |
| Caverna | 洞窟 |
| Cicatriz | 傷跡 |
| Espada | 剣 |
| Ilha | 島 |
| Lenda | 伝説 |
| Mapa | 地図 |
| Mau | 悪い |
| Moedas | コイン |
| Oceano | 海洋 |
| Ouro | ゴールド |
| Papagaio | オウム |
| Perigo | 危険 |
| Praia | ビーチ |
| Rum | ラム酒 |
| Tesouro | 宝 |
| Tripulação | クルー |

## Plantas
## 植物

| | |
|---|---|
| Arbusto | ブッシュ |
| Árvore | 木 |
| Baga | ベリー |
| Bambu | 竹 |
| Botânica | 植物学 |
| Cacto | サボテン |
| Erva | ハーブ |
| Feijão | 豆 |
| Fertilizante | 肥料 |
| Flor | 花 |
| Flora | フローラ |
| Floresta | 森 |
| Folhagem | 葉 |
| Grama | 草 |
| Hera | 蔦 |
| Jardim | 庭 |
| Musgo | 苔 |
| Pétala | 花弁 |
| Raiz | 根 |
| Vegetação | 植生 |

## Praia
## ビーチ

| | |
|---|---|
| Areia | 砂 |
| Azul | 青 |
| Barco | ボート |
| Caranguejo | カニ |
| Costa | 海岸 |
| Doca | ドック |
| Guarda-Chuva | 傘 |
| Ilha | 島 |
| Lagoa | ラグーン |
| Mar | 海 |
| Oceano | 海洋 |
| Recife | リーフ |
| Sandálias | サンダル |
| Sol | 太陽 |
| Toalha | タオル |
| Veleiro | ヨット |

## Preencher
## 塗りつぶすには

| | |
|---|---|
| Balde | バケツ |
| Bandeja | トレイ |
| Barril | バレル |
| Bolso | ポケット |
| Caixa | 箱 |
| Cesta | バスケット |
| Envelope | 封筒 |
| Garrafa | ボトル |
| Gaveta | 引き出し |
| Jar | 瓶 |
| Mala | スーツケース |
| Navio | 容器 |
| Pacote | パケット |
| Pasta | フォルダ |
| Saco | バッグ |
| Tubo | チューブ |
| Vaso | 花瓶 |

## Profissões #1
## 職業 #1

| | |
|---|---|
| Advogado | 弁護士 |
| Artista | アーティスト |
| Astrônomo | 天文学者 |
| Banqueiro | 銀行家 |
| Bombeiro | 消防士 |
| Caçador | ハンター |
| Cartógrafo | 地図製作者 |
| Cientista | 科学者 |
| Dançarino | 踊り子 |
| Editor | 編集者 |
| Embaixador | 大使 |
| Encanador | 配管工 |
| Enfermeira | 看護婦 |
| Geólogo | 地質学者 |
| Joalheiro | 宝石商 |
| Marinheiro | セーラー |
| Músico | 音楽家 |
| Pianista | ピアニスト |
| Psicólogo | 心理学者 |
| Veterinário | 獣医 |

## Profissões #2
## 職業 #2

| | |
|---|---|
| Agricultor | 農家 |
| Astronauta | 宇宙飛行士 |
| Bibliotecário | 司書 |
| Biólogo | 生物学者 |
| Cirurgião | 外科医 |
| Dentista | 歯医者 |
| Engenheiro | エンジニア |
| Filósofo | 哲学者 |
| Fotógrafo | 写真家 |
| Ilustrador | イラストレーター |
| Inventor | 発明者 |
| Investigador | 研究者 |
| Jardineiro | 庭師 |
| Jornalista | ジャーナリスト |
| Linguista | 言語学者 |
| Médico | 医師 |
| Piloto | パイロット |
| Pintor | 画家 |
| Professor | 先生 |
| Zoólogo | 動物学者 |

## Restaurante # 2
## レストラン #2

| Almoço | ランチ |
|---|---|
| Aperitivo | 前菜 |
| Água | 水 |
| Bebida | 飲料 |
| Bolo | ケーキ |
| Cadeira | 椅子 |
| Colher | スプーン |
| Delicioso | 美味しい |
| Especiarias | スパイス |
| Fruta | フルーツ |
| Garçom | ウェイター |
| Garfo | フォーク |
| Gelo | 氷 |
| Jantar | 夕食 |
| Legumes | 野菜 |
| Macarrão | 麺 |
| Peixe | 魚 |
| Sal | 塩 |
| Salada | サラダ |
| Sopa | スープ |

## Restaurante #1
## レストラン #1

| Alergia | アレルギー |
|---|---|
| Café | コーヒー |
| Carne | 肉 |
| Cozinha | キッチン |
| Faca | ナイフ |
| Frango | チキン |
| Garçonete | ウェイトレス |
| Guardanapo | ナプキン |
| Menu | メニュー |
| Molho | ソース |
| Pão | パン |
| Picante | 辛い |
| Placa | 皿 |
| Reserva | 予約 |
| Sobremesa | デザート |
| Tigela | ボウル |

## Roupas
## 洋服

| Avental | エプロン |
|---|---|
| Blusa | ブラウス |
| Calça | パンツ |
| Camisa | シャツ |
| Casaco | コート |
| Chapéu | 帽子 |
| Cinto | ベルト |
| Colar | ネックレス |
| Jaqueta | ジャケット |
| Jeans | ジーンズ |
| Luvas | 手袋 |
| Meias | 靴下 |
| Moda | ファッション |
| Pijama | パジャマ |
| Pulseira | ブレスレット |
| Saia | スカート |
| Sandálias | サンダル |
| Sapato | 靴 |
| Suéter | セーター |
| Vestido | ドレス |

## Tecnologia
## テクノロジー

| Arquivo | ファイル |
|---|---|
| Blog | ブログ |
| Bytes | バイト |
| Câmera | カメラ |
| Computador | コンピュータ |
| Cursor | カーソル |
| Dados | データ |
| Digital | デジタル |
| Estatísticas | 統計 |
| Fonte | フォント |
| Internet | インターネット |
| Mensagem | メッセージ |
| Navegador | ブラウザ |
| Pesquisa | 研究 |
| Segurança | 安全 |
| Software | ソフトウェア |
| Tela | 画面 |
| Virtual | 仮想 |
| Vírus | ウイルス |

## Tempo
## 時間

| Agora | 今 |
|---|---|
| Ano | 年 |
| Antes | 前 |
| Anual | 通年 |
| Calendário | カレンダー |
| Década | 十年 |
| Dia | 日 |
| Futuro | 未来 |
| Hoje | 今日 |
| Hora | 時間 |
| Manhã | 朝 |
| Meio-Dia | 昼 |
| Mês | 月 |
| Minuto | 分 |
| Momento | 一瞬 |
| Noite | 夜 |
| Ontem | 昨日 |
| Relógio | 時計 |
| Semana | 週 |
| Século | 世紀 |

## Tipos de Cabelo
## ヘアタイプ

| Branco | 白い |
|---|---|
| Brilhante | シャイニー |
| Cachos | カール |
| Careca | 禿 |
| Cinza | グレー |
| Colori | 有色 |
| Curto | 短い |
| Encaracolado | カーリー |
| Fino | 薄い |
| Grosso | 厚い |
| Loiro | ブロンド |
| Marrom | 茶色 |
| Prata | 銀 |
| Preto | ブラック |
| Saudável | 元気 |
| Seco | ドライ |
| Suave | ソフト |
| Trançado | 編組 |
| Tranças | 三つ編み |

## Vegetais
## 野菜

| | |
|---|---|
| Abóbora | かぼちゃ |
| Aipo | セロリ |
| Alcachofra | アーティチョーク |
| Alho | ニンニク |
| Batata | じゃがいも |
| Beringela | 茄子 |
| Brócolis | ブロッコリー |
| Cebola | 玉葱 |
| Cenoura | にんじん |
| Chalota | エシャロット |
| Cogumelo | キノコ |
| Ervilha | エンドウ |
| Espinafre | ほうれん草 |
| Gengibre | ショウガ |
| Nabo | カブ |
| Pepino | キュウリ |
| Rabanete | だいこん |
| Salada | サラダ |
| Salsa | パセリ |
| Tomate | トマト |

## Veículos
## 車両

| | |
|---|---|
| Ambulância | 救急車 |
| Avião | 飛行機 |
| Balsa | フェリー |
| Barco | ボート |
| Bicicleta | 自転車 |
| Caminhão | トラック |
| Caravana | キャラバン |
| Carro | 車 |
| Foguete | ロケット |
| Helicóptero | ヘリコプター |
| Jangada | いかだ |
| Lambreta | スクーター |
| Metrô | 地下鉄 |
| Motor | モーター |
| Ônibus | バス |
| Pneus | タイヤ |
| Submarino | 潜水艦 |
| Táxi | タクシー |
| Transporte | シャトル |
| Trator | トラクター |

## Verão
## 夏

| | |
|---|---|
| Acampamento | キャンプ |
| Alegria | 喜び |
| Amigos | 友達 |
| Casa | 家 |
| Estrelas | 星 |
| Família | 家族 |
| Jardim | 庭 |
| Jogos | ゲーム |
| Lazer | レジャー |
| Livros | 書籍 |
| Mar | 海 |
| Mergulho | ダイビング |
| Música | 音楽 |
| Praia | ビーチ |
| Relaxamento | リラクゼーション |
| Sandálias | サンダル |
| Viagem | 旅行 |

## Xadrez
## チェス

| | |
|---|---|
| Aprender | 学ぶために |
| Branco | 白い |
| Campeão | チャンピオン |
| Concurso | コンテスト |
| Desafios | 課題 |
| Diagonal | 対角 |
| Estratégia | 戦略 |
| Jogador | プレーヤー |
| Jogo | ゲーム |
| Oponente | 相手 |
| Passivo | パッシブ |
| Pontos | ポイント |
| Preto | ブラック |
| Rainha | 女王 |
| Regras | ルール |
| Rei | キング |
| Sacrifício | 犠牲 |
| Tempo | 時間 |
| Torneio | トーナメント |

# Parabéns

## Conseguiu!

Esperamos que tenha gostado tanto deste livro como nós gostamos de o desenhar. Esforçamo-nos por criar livros da mais alta qualidade possível.
Esta edição foi concebida para proporcionar uma aprendizagem inteligente, de qualidade e divertida!

Gostou deste livro?

-------

## Um simples pedido

Estes livros existem graças às críticas que publica.
Pode ajudar-nos, deixando agora uma revisão?

Aqui está um pequeno link para
a sua página de revisão:

BestBooksActivity.com/Avaliacoes50

# DESAFIO FINAL!

## Desafio n° 1

Está pronto para o seu jogo grátis? Usamo-los a toda a hora, mas não são tão fáceis de encontrar - aqui estão os **Sinônimos!**

Escreva 5 palavras que encontrou nos puzzles (n° 21, n° 36, n° 76) e tente encontrar 2 sinónimos para cada palavra.

### Escreva 5 palavras de **Puzzle 21**

| Palavras | Sinônimo 1 | Sinônimo 2 |
|---|---|---|
|  |  |  |
|  |  |  |
|  |  |  |
|  |  |  |
|  |  |  |

### Escreva 5 palavras de **Puzzle 36**

| Palavras | Sinônimo 1 | Sinônimo 2 |
|---|---|---|
|  |  |  |
|  |  |  |
|  |  |  |
|  |  |  |
|  |  |  |

### Escreva 5 palavras de **Puzzle 76**

| Palavras | Sinônimo 1 | Sinônimo 2 |
|---|---|---|
|  |  |  |
|  |  |  |
|  |  |  |
|  |  |  |
|  |  |  |

# Desafio n° 2

Agora que já aqueceu, escreva 5 palavras que encontrou nos Puzzles (n° 9, n° 17 e n° 25) e tente encontrar 2 antônimos para cada palavra. Quantos se podem encontrar em 20 minutos?

*Escreva 5 palavras de* **Puzzle 9**

| Palavras | Antônimo 1 | Antônimo 2 |
|----------|------------|------------|
|          |            |            |
|          |            |            |
|          |            |            |
|          |            |            |
|          |            |            |

*Escreva 5 palavras de* **Puzzle 17**

| Palavras | Antônimo 1 | Antônimo 2 |
|----------|------------|------------|
|          |            |            |
|          |            |            |
|          |            |            |
|          |            |            |
|          |            |            |

*Escreva 5 palavras de* **Puzzle 25**

| Palavras | Antônimo 1 | Antônimo 2 |
|----------|------------|------------|
|          |            |            |
|          |            |            |
|          |            |            |
|          |            |            |
|          |            |            |

# Desafio n° 3

Óptimo! Este desafio final não é nada para si.

Pronto para o desafio final? Escolha 10 palavras que tenha descoberto nos diferentes puzzles e escreva-as abaixo.

| | |
|---|---|
| 1. | 6. |
| 2. | 7. |
| 3. | 8. |
| 4. | 9. |
| 5. | 10. |

Agora escreva um texto a pensar numa pessoa, num animal ou num lugar de seu agrado.

*Pode utilizar a última página deste livro como um rascunho.*

## A Sua Composição:

# CADERNO DE NOTAS:

# ATÉ BREVE!

*A equipa Inteira*

# DESCUBRA JOGOS GRATUITOS

## GO

↓

**BESTACTIVITYBOOKS.COM/FREEGAMES**

www.ingramcontent.com/pod-product-compliance
Lightning Source LLC
Chambersburg PA
CBHW082216120626
46553CB00010B/3174